Kraftsuppen & Eintöpfe

STYRIA
BUCHVERLAGE

Wien – Graz – Klagenfurt

ISBN 978-3-7088-0715-7

Bücher des Kneipp Verlages gibt es
in jeder Buchhandlung und unter
www.kneippverlag.com

www.facebook.com/KneippVerlagWien

Fotos:
iStock: S. 8, 12, 14, 17, 19, 20, 23, 25, 31, 63, 65, 73, 75, 81, 99, 123
shutterstock: S. 35, 39, 43, 53, 59, 69, 87, 93, 103, 119, 125, 127, 133
fotolia: Cover (sonyakamoz), Illustration Cover, Inhalt und Tipps (Natalya Leviah),
Hintergrundgrafik, S. 45, 135
Peter Barci: S. 49, 57, 141
Robert Saringer: Autorenportrait U4

Bildrecherche: Lydia Gribowitsch

Cover: Emanuel Mauthe, Oskar Kubinecz
Artwork/Illustrationen: Oskar Kubinecz, www.kubinecz.at
Lektorat: Kneipp Verlag

Druck und Bindung: Neografia
Printed in the EU
7 6 5 4 3 2 1

Ulli Zika

Kraftsuppen & Eintöpfe

Heiße Rezepte für kalte Tage

KNEIPP
VERLAG WIEN

Inhalt

Inhalt

Vegetarische und vegane Kraftsuppen

Vegetarische und vegane Eintöpfe

Kraftsuppen aus aller Welt

Eintöpfe aus aller Welt

Süße Breie und Kompotte

Steinzeitliche Suppen und Eintöpfe

Die ersten Breie und Suppen wurden bereits vor mehr als 6000 Jahren in Mesopotamien gekocht und gegessen. Auch im Reich der alten chinesischen Dynastien, im antiken Griechenland, im römischen Reich oder bei den südamerikanischen Inkas setzte man auf diese Gerichte. Anfänglich waren Getreide und Hülsenfrüchte die Grundlage dafür – Hafer, Quinoa, Reis oder Teigwaren wurden verarbeitet – aber auch Gemüse landete im Suppentopf. Zudem wurden Fleisch oder Geflügel schon bald zu herzhaften Suppen und Eintöpfen verkocht, beispielsweise in Ägypten.

Suppen zum Gesundwerden und Gesundbleiben

Die Zubereitung von Suppen zur Nahrungsaufnahme hat also eine lange Tradition, wobei diese Ur-Speise seit jeher in den verschiedenen Kulturen auch in Sachen Gesundheit einen besonderen Stellenwert genießt. Viele unserer Großmütter kannten noch die heilende Kraft dieser Gerichte, die in Zeiten von Krankheit und/oder Rekonvaleszenz eine wichtige Rolle spiel(t)en. Suppen sind leicht verdaulich, der Körper kann die aufbereiteten Inhaltsstoffe gut aufnehmen. Ihre Nährstoffdichte ist enorm – lange gekochte Suppen leisteten in der Volksmedizin deshalb einen wichtigen Beitrag bei der Genesung von Krankheiten.

Kraftsuppen und Kraftbrühen

Selbst gekochte Suppen aus hochwertigen Zutaten stellen uns also eine Menge Energie und Kraft sowie eine Extraportion Gesundheit zur Verfügung. Wir haben den Begriff der Kraftsuppen in diesem Buch sehr weit gefasst: Eine Suppe, die aus hochwertigen Zutaten mit viel Liebe und Aufmerksamkeit selbst zubereitet wird und ohne Geschmacksverstärker und industriell gefertigte Produkte auskommt, ist in jedem Fall eine Kraftsuppe.

Wir wollen aber dennoch auf zwei klassische Interpretationen eingehen, die mit dem gerne verwendeten Begriff der Kraftsuppe bzw. Kraftbrühe spezielle Zubereitungsmethoden verbinden: einerseits in der gastronomischen Küchensprache und andererseits in der ganzheitlichen Ernährungslehre, insbesondere in der Traditionellen Chinesischen Medizin (TCM).

Kraftsuppen in der Küchensprache

In der gastronomischen Küchensprache wird die Kraftsuppe auch Consommé genannt: Darunter versteht man eine Suppe, die aus Rind, Huhn, Wild oder Fisch mit Gemüse und Gewürzen zu einem kräftigen Fond gekocht und anschließend mittels Eiweiß und Klärfleisch zu einer goldklaren, kräftigen Suppenessenz vollendet wird. Sie gilt als die Königin der klaren Suppen – wird sie auf einer Speisekarte angeboten, so ist das ein besonderes Qualitätsmerkmal der gehobenen Küche.

» *Consommé – geklärte Kraftbrühe vom Rind – siehe S. 24*

Kraftsuppen in der Traditionellen Chinesischen Medizin (TCM)

Eine ganz besondere Bedeutung haben die sogenannten Kraftsuppen in der Ernährungslehre der Traditionellen Chinesischen Medizin. Die jahrtausendealte Tradition der chinesischen Medizin beschäftigt sich wie alle ganzheitlichen Gesundheitstraditionen mit der therapeutischen Wirksamkeit unserer Nahrung – und zwar auf einem energetischen Niveau. Begriffe wie Qi, unsere universelle Lebensenergie, sowie Yin und Yang, die energetischen Gegensatz-Pole, zwischen denen sich laut diesem Denkmodell sämtliche Lebensprozesse bewegen, spielen dabei eine wesentliche Rolle. Es wird stets ein Gleichgewicht zwischen den Kräften angestrebt, damit der Mensch gesund bleibt oder wird.

Als Kraftsuppen werden in der TCM Suppen und Breie bezeichnet, die üblicherweise sehr lange (viele Stunden, im Extremfall sogar tagelang) gekocht wurden. Laut traditioneller chinesischer Vorstellung wird durch das lange Kochen der Grundzutaten die Substanz der Ingredienzien langsam in Energie transformiert, also umgewandelt. Diese Energie nehmen wir dann beim Essen der Kraftsuppen zu uns, oftmals nur noch als Essenz, als klare Brühe, da die stundenlang ausgekochten Zutaten nun quasi leergekocht sind.

Die lange gekochten, sogenannten Transformations-Kraftsuppen werden in der TCM sowohl mit Getreide wie auch mit Fleisch, Fisch oder Geflügel zubereitet – häufig in Kombination mit ebenso wirksamen und individuell ausgewählten Kräutern bzw. anderen heilkräftigen Zutaten, wie zum Beispiel getrockneten Früchten oder Samen.

Lange gekochte Kraftsuppen mit Fleisch und entsprechenden Gewürzen und Kräutern führen dem Organismus besonders viel Wärme bzw. Qi, also Energie, zu und sind daher in der kalten Jahreszeit besonders wertvoll und beliebt. Wer unter sogenanntem Säfte- oder Blutmangel (Yin-Mangel) leidet, kann mit den entsprechenden Suppen und Breien wieder zu mehr Yin-Kräften kommen. So wird traditionellerweise nach einer Geburt der jungen Mutter eine stundenlang gekochte Hühnerkraftsuppe mit Yin-stärkenden Ingredienzien verordnet, damit sie rasch wieder zu Kräften kommt, das verlorene Blut wiederaufgebaut werden kann und sich keine Wochenbettdepressionen breitmachen.

Eine lange gekochte Hühnerkraftsuppe wird generell oft zur Stärkung bei Krankheit empfohlen. In TCM-Kreisen wird allerdings immer wieder gerne

Kleine TCM-Wortkunde:

Qi: universelle Lebenskraft, durchdringt alles, Manifestation von Yin und Yang
Aufgaben des Qi: Umwandlung, Transformation, Transport, Halten und Heben sowie Schutz und Wärme

Yin und Yang – gegensätzliche Pole, die einander ergänzen, verbrauchen und bedingen

Yin: kühl und dunkel, weiblich, aufnehmendes und nährendes
Prinzip, die Nacht, das Wasser, Feuchtigkeit und Abwärtsbewegungen
Yin befeuchtet und kühlt den Körper.

Yang: warm und hell, männlich, aktives und gebendes
Prinzip, der Tag, das Feuer, Trockenheit und Aufwärtsbewegungen
Yang wärmt und trocknet den Körper.

davor gewarnt, solche Kraftsuppen zu Beginn einer akuten Erkrankung (zum Beispiel einer Grippe) zu essen: Damit würde laut mancher Fachmeinung auch das Qi des pathogenen Erregers gestärkt und das Ausbrechen der Krankheit erst richtig begünstigt. Diese Betrachtungsweise ist jedoch umstritten und wird von Expert/inn/en immer wieder kontroversiell diskutiert. Einig ist man sich jedoch darin, dass die Hühnerkraftsuppe nach ausgestandener Krankheit geschwächten Patient/inn/en wieder zu mehr Lebenskraft verhilft.

» *Rezepte für TCM-Kraftsuppen – siehe S. 30 und S. 32*

Heilsame Knochensuppen

Durch die sogenannte Paleo-Ernährung, auch Steinzeitdiät genannt, sind Knochensuppen als Teil einer heilkräftigen Ernährung wieder stärker in den Fokus geraten. Mittlerweile gibt es aber auch fernab davon interessante Forschungsergebnisse, die nahelegen, dass Knochensuppen eine Reihe therapeutisch hochwirksamer Inhaltstoffe enthalten – und diese zu Recht als wahre Kraftelixiere bezeichnet werden können.

In ganzheitlichen Traditionen sowie in der Volksmedizin unterschiedlicher Kulturen kennt man die medizinisch wirksamen Vorteile dieser Brühen aber bereits seit Jahrhunderten: Lange gekochte Knochensuppen stärken Knochen, Gelenke, Muskeln, Haut, Darm, Nerven sowie das Gehirn. Verantwortlich dafür sind viele Mineralstoffe und Spurenelemente wie Kalzium, Magnesium und Phosphor, wichtige Aminosäuren sowie Gelatine, Glukosamine, Hyaloronsäure und Chondroitin – allesamt also Stoffe, die viele positive Auswirkungen auf unsere Gesundheit haben.

Die Herstellung der wertvollen Brühen ist recht simpel: Im Durchschnitt rechnet man rund zwei Liter Wasser auf ein Kilogramm Knochen, dazu gibt man Gemüse, Gewürze und Kräuter und kocht die Zutaten über viele Stunden aus. Um das wertvolle Kalzium aus den Knochen zu lösen, wird zudem häufig empfohlen, der Brühe einen Schuss Säure beizufügen (Essig oder Zitronensaft).

Knochensuppen werden in kaltem Wasser angesetzt, dann aufgekocht und anschließend auf ganz kleiner Flamme weitergekocht – die Suppe sollte mehr simmern als kochen.
Ob der entstehende Schaum abgeschöpft werden soll oder nicht, da scheiden sich die Geister. Die einen meinen, dass dies unbedingt vonnöten ist, die anderen behaupten das Gegenteil. Der anfangs auftretende Schaum setzt sich nach geraumer Zeit jedenfalls wieder ab – entscheiden Sie selbst, was Ihnen lieber ist. Wir haben in den Rezepten mal die eine und mal die andere Methode angewandt.

» *Rezept für eine Knochenkraftsuppe – siehe S. 26*

Suppen als Schlankmacher

Neben den vielen oben beschriebenen gesundheitlichen Vorteilen darf in Zeiten allgegenwärtiger Fettleibigkeit, regelrechter Diabetes-Epidemien und ganzer Nationen voller Stress-Frust-Esser/inn/en ein Pluspunkt nicht unerwähnt bleiben: Kraftsuppen sind Schlankmacher. Wer regelmäßig hochwertige Kraftsuppen isst, deckt seinen Nährstoffbedarf auf besonders schlank machende Art und Weise. Ein in Relation zur hohen Nährstoffdichte meist geringer Kaloriengehalt macht die Suppe zur ersten Wahl für alle, die ein paar Kilos loswerden oder schlank bleiben wollen. Wer zu Beginn jeder Mahlzeit eine Suppe löffelt, wird weniger von den hochkalorischen Hauptgerichten verzehren wollen und früher satt sein – langfristig gesehen ist das ein einfacher und wohltuender Schlankmacher-Trick.

Suppige Ernährung als Beitrag zur täglichen Flüssigkeitsaufnahme

„Sie sind nicht krank – Sie sind durstig“, lautet ein Buchtitel des persischen Arztes und Bestsellerautors Dr. Fereydoon Batmanghelidj, der in seinen Büchern die Heilung durch Wasser im Visier hat. Aus Sicht des Autors liegt sämtlichen modernen Erkrankungen ein Übel zugrunde – nämlich die gleichsam chronische Dehydration, der wir uns meist aussetzen, weil wir nicht ausreichend Flüssigkeit, vor allem nicht ausreichend Wasser zu uns nehmen. Diesem chronischen Wassermangel können wir mit der Aufnahme von Suppen, Eintöpfen, Musen, Breien und Kompotten auch beim täglichen Essen genussvoll zu Leibe rücken. Wer diese Speisen regelmäßig isst, hat einen ordentlichen Flüssigkeitsvorsprung – noch bevor er oder sie das erste Glas Wasser zu sich genommen hat. Wer dann auch noch ausreichend gutes Wasser trinkt, ist in seiner täglichen Gesundheitsbilanz ganz vorne dabei.

Suppe & Co als Burnout-Prophylaxe und Anti-Aging-Kur

Aus Sicht der TCM sind Stress, Hektik und Termindruck sowie eine zu heiße und zu trockene Ernährung mit dafür verantwortlich, dass unser Blut und unser Yin in einen ernst zu nehmenden Mangelzustand kommen können. Hitze und Trockenheitssymptome (zum Beispiel Hitzewallungen, Schweißausbrüche, Unruhe, trockene Haut, trockene Augen, Verstopfung usw.) können die Folge sein.

Auch in diesem Fall ist eine Ernährung mit vielen Suppen, Eintöpfen, Musen, Breien und Kompotten eine genussvolle und effiziente Therapiemöglichkeit. Zudem sorgt das Auffüllen von Yin für einen entspannten Schlaf, straffere Haut und ein jugendliches Aussehen. Wir können also nicht nur entspannt schlemmen, sondern uns obendrein auch noch jung löffeln.

Haltbarmachen und Vorräte anlegen

Suppenfonds, Knochensuppen, Kraftsuppen und Eintöpfe eignen sich hervorragend, um mehr als die benötigten Portionen zuzubereiten und diesen Vorrat später weiterzuverwenden. Durch die Zubereitung größerer Mengen kann man wesentlich effizienter sein, schließlich sind die Kochzeiten dieser Suppen und Eintöpfe sehr lange. Und wer stets seinen selbst zubereiten Suppenfond in der Vorratskammer hat, wird nicht mehr auf gesundheitlich oft fragwürdige Instantsuppen usw. zurückgreifen müssen oder wollen. In stressigen Zeiten, wenn wir nicht täglich dazukommen, unser Essen frisch zuzubereiten, sind also Vorräte an Kraftsuppen und Eintöpfen eine gesunde und nährende Alternative zu Fastfood & Co.

Einfrieren

Das portionsweise Einfrieren (zum Beispiel in Eiswürfelbehältern) zur Weiterverwendung ist eine weitverbreitete Möglichkeit, stets einen Vorrat an wertvollen Suppenfonds, Kraftsuppen oder Eintöpfen parat zu haben. Die TCM ist allerdings „keine Freundin des Einfrierens“ – da den Lebensmitteln auf diese Art und Weise sehr viel Kälte zugeführt wird. Und gerade diese will man ja durch lange gekochte Kraftsuppen oftmals aus dem Körper vertreiben.

Einkochen – Einmachen – Einwecken

Eine aus TCM-Sicht besser geeignete Methode des Haltbarmachens ist das Einmachen in Gläsern. Wie Marmelade oder Gewürzgurken können auch Suppen und Eintöpfe so für die Vorratshaltung aufbereitet werden. Es gibt unterschiedliche Methoden und Geräte, die Palette reicht vom Einmachen im modernen Dampfgarer über das Einwecken in extra dafür konzipierten Geräten bis zum guten alten Wasserbad im Backofen – das Prinzip ist stets das Gleiche: Durch Erhitzen des Gargutes im Glas werden Bakterien, die zum Verderben des Inhaltes führen würden, abgetötet. Im verschlossenen Glas entsteht durch das Erhitzen ein Überdruck, der beim Abkühlen zum Vakuum wird. Es können somit keine Keime mehr eindringen und der Inhalt ist – je nach Art und Methode – über Wochen bzw. Monate haltbar. Damit das aber gelingt, ist eine Reihe von Dingen zu beachten – allem voran ein besonders sauberes Arbeiten, das Abfüllen in sterilisierte Gläser sowie die richtigen Temperaturen und Einkochzeiten.

Im Buchhandel, im Internet sowie bei den Herstellern des entsprechenden Zubehörs finden Sie detailliertere Angaben und Anleitungen, wenn Sie sich tiefer mit dieser Materie beschäftigen möchten.

Die Qualität der Zutaten

Damit eine Kraftsuppe ihren Namen auch wirklich verdient, ist die Auswahl bester Zutaten unumgänglich. Kaufen Sie für die Zubereitung Ihrer Suppenfonds, Knochensuppen, Eintöpfe etc. hochwertige Grundprodukte, am besten in Bioqualität, oder kaufen Sie bei ausgewählten Hersteller/inn/en bzw. bei Bauern, von denen Sie wissen, dass sie fernab von Massentierhaltung, Antibiotikagaben, Pestizid- und Herbizid-Einsatz etc. agieren. „Du bist, was du isst“ – daran sollten Sie sich gerade bei der Zubereitung jener Mahlzeiten erinnern, aus denen Sie gesunde Kraft und Energie schöpfen wollen.

Unterschiedliche Wirkweise der Zutaten

Fleisch, Geflügel und Fisch stellen aus Sicht der Traditionellen Chinesischen Medizin sehr viel Qi, also Lebensenergie zur Verfügung – allerdings ist hier ganz besonders auf die Qualität der Zutaten und auf die zugeführten Mengen zu achten. Gerade Suppen und Eintöpfe eignen sich bestens, um den Konsum von Fleisch in überschaubaren Grenzen zu halten und so den Körper nicht zu überlasten. Jede Fleischart hat zudem eine spezifische Wirkung, auf die man gezielt setzen kann – hier ein paar Beispiele:

Schweinefleisch

Aus Sicht der TCM nährt und befeuchtet Schweinefleisch. Wer also bereits unter Übergewicht, Aufgedunsenheit, Ödemen oder anderen Feuchtigkeitssymptomen leidet, sollte beim Konsum von Schweinefleischgerichten vorsichtig sein. Wer jedoch ausgezehrt, abgemagert oder geschwächt ist und wieder zu Kräften kommen möchte, für den könnten gerade Suppen und Eintöpfe, die mit hochwertigem Schweinefleisch zubereitet wurden, therapeutisch wirksam sein.

» *Steirische Klachlsuppe mit gekochtem Buchweizen – siehe S. 40*

Wildfleisch

Dem Wildfleisch wird eine wärmende Wirkung zugesprochen – damit ist es vor allem jenen Menschen willkommen, die leicht frieren und Kälte aus dem Körper vertreiben möchten. Dass man gerade im Herbst, wo es draußen kälter wird, in unseren Breiten gerne Wildfleisch isst, macht also auch aus TCM-Sicht durchaus Sinn. Wildfleisch gilt zudem als besonders gesundes und mageres Fleisch, das uns auch aus ernährungswissenschaftlicher Sicht guttut und fernab von Massentierhaltung, Hormongaben & Co einen Beitrag zu einer wertvollen Ernährung leisten kann.

» *Wildkraftbrühe mit Wurzelgemüsestreifen – siehe S. 27*

Rindfleisch

Rindfleisch gilt in der TCM als thermisch neutral mit süßem Geschmack, es stärkt vor allem Milz und Magen. Zudem stützt es unser Qi und unser Blut, stärkt Sehnen, Muskeln und Knochen. Rindfleisch enthält Kalzium, Eisen, Phosphor, B-Vitamine und natürlich jede Menge hochwertiges Eiweiß und Fett – und damit auch aus westlicher Sicht viele gesunde Inhaltsstoffe.

» *Omas Rinderkraftsuppe mit Markknochen – siehe S. 29*

Hühnerfleisch

Hühnerfleisch gilt als thermisch warm und hat ebenfalls einen Bezug zu Milz und Magen. Das Fleisch erwärmt die Mitte und kräftigt Qi und Blut, auch auf die Nierenenergie und das Knochenmark wirkt es aus Sicht der TCM positiv. Aus westlich-ernährungswissenschaftlicher Sicht sind neben hochwertigem Eiweiß und ungesättigten Fettsäuren unter anderem Kalzium, Phosphor, Eisen, Thiamin, Riboflavin sowie Nikotinamid wichtige Inhaltsstoffe des Hühnerfleisches.

» *Hühnerkraftsuppenfond – siehe S. 50*

Fische und Meeresfrüchte

Fische werden – je nach Art – in der TCM von thermisch erfrischend und neutral bis wärmend eingestuft und wirken allesamt auf den Funktionskreis von Niere und Blase, dem das Element Wasser zugeordnet wird.

» *Fischfond vom heimischen Fisch – siehe S. 66*

Besonders gerne therapeutisch empfohlen wird in der TCM der Karpfen, da er die Eigenschaft besitzt, Feuchtigkeit aus dem Körper zu leiten. Er gilt als thermisch neutral mit süßlichem Geschmack, hat einen Bezug zur Niere und kann vor allem auch die Milz stärken. Seine Wirkung wird zudem als diuretisch (harntreibend), abschwellend und das Qi absenkend beschrieben. Er wird bei Ödemen, Gedunsenheit und auch bei Gelbsucht gerne empfohlen. Nach westlicher Diätetik enthält er wertvolles Eiweiß und die essenziellen Fettsäuren Omega 3 und Omega 6, zudem Kalzium, Phosphor und Eisen.

» *Scharfer Karpfen-Paprika-Pot – siehe S. 77*

Wertvolles Getreide

Wie eingangs erwähnt, wurden die ersten Suppen aus Getreide hergestellt. Getreidebreie können als süße wie pikante Varianten zubereitet werden und gelten als besonders bekömmlich, nahrhaft und leicht verdaulich. Sie sind seit jeher rund um den Globus beliebt. Vollwertiges Getreide verfügt über eine Reihe von wertvollen Inhaltsstoffen, die wir uns in der Kraftsuppen- und Eintopf-Küche zunutze machen, auch hier exemplarisch die wichtigsten Zutaten und Zubereitungsformen:

Reis (Oryza sativa)

In Zeiten von Glutenunverträglichkeit & Co ist Reis schon deswegen eine beliebte Zutat, weil er eben kein Gluten, d. h. kein Klebereiweiß, enthält. Reis ist eines der wertvollsten Getreide und ein wesentlicher Bestandteil der gesunden Küche. Ungeschälter Naturreis enthält in seinem Silberhäutchen und im Keim u. a. die Vitamine B_1, B_2 sowie Niacin und Eisen.

In Asien werden Reissuppen seit jeher gegessen, in der traditionellen Medizin stellen sie eine Grundbasis für ein langes Leben und gute Gesundheit dar. Je nach Sorte gilt Reis in der TCM als thermisch neutral (Rundkornreis) bis leicht warm (Süßreis) und hat einen starken Bezug zu Milz und Magen bzw. Darm. Als äußerst leicht verdauliches Getreide wird Reis besonders Menschen mit Magen- und Darmproblemen empfohlen. Ein Klassiker der TCM-Kraftsuppenidee – in Getreideform – ist das sogenannte Reis-Congee: Es ist der Inbegriff eines chinesischen Frühstücks. Dazu wird Reis im Verhältnis eins zu zehn mit Wasser rund drei bis sechs Stunden gekocht. Diese Grundbasis kann in die verschiedensten Richtungen abgewandelt werden und gilt als medizinisch wirksames Rezept bei einer Reihe von Erkrankungen und Störungen wie als tägliche Gesundheitsvorsorge und Lebenselixier.

» *Reis-Congee-Variationen – siehe S. 96*

Hirse (Panicum)

Die Hirse ist ein besonders wertvolles und nährstoffreiches Lebensmittel, das mit einem hohen Mineralstoffgehalt auftrumpfen kann und zu den basenbildenden Getreidesorten zählt. Vor allem ihr Gehalt an Kieselsäure ist nennenswert (Kieselsäure festigt Haare, Nägel und Bindegewebe). Aber auch der Eisengehalt sticht hervor und macht das Getreide zu einer großen Hilfe beim Blutaufbau.

Als glutenfreies Getreide ist die Hirse auch für Zöliakiepatienten und für Menschen mit einer Glutenunverträglichkeit eine willkommene und schmackhafte Alternative. In der TCM gilt sie u. a. als thermisch kühl, mit süßem und salzigem Geschmack die Mitte harmonisierend und kräftigend, Hitze beseitigend und entgiftend.

» *Hirse-Karotten-Suppe mit Champignons – siehe S. 98*

Hafer (Avena)

Hafer ist ballaststoff-, eiweiß- und fettreich, er gilt als bedeutender Bestandteil einer vollwertigen Gesundheitsküche und zeichnet sich durch einen hohen Gehalt an Vitaminen, Spurenelementen und ungesättigten Fettsäuren aus. Das Getreide liefert zudem wichtige Mineralstoffe, unter anderem Magnesium, Eisen, Phosphor, Kupfer, Zink und Mangan. Hafer wird vorzugsweise in Form von Haferflocken verwendet.
Die Redewendung „Mich sticht der Hafer" deutet auf die Extraportion Energie hin, die uns der Hafer auch laut TCM verleihen kann. Hafer beseitigt Feuchtigkeit, stärkt Muskeln, Sehnen und Nerven und befeuchtet den Darm.

» *Mich-sticht-der-Hafer-Suppe mit Gelbwurz – siehe S. 100*

Hülsenfrüchte, Pilze und Gemüse

Eine wertvolle Zutat für vegetarische Kraftsuppen sind neben den verschiedenen Getreidesorten auch Hülsenfrüchte aller Art. Linsen, Bohnen, Kichererbsen & Co bringen jede Menge gesunde Proteine, Ballaststoffe, Vitamine und Mineralstoffe auf den Teller.
Vor allem für Menschen, die wenig oder kein Fleisch essen, sind sie eine hervorragende Eiweißquelle. Da die meisten getrockneten Hülsenfrüchte zudem eine längere Kochzeit benötigen, eignen sie sich besonders für lange gekochte Kraftsuppen aller Art.

Aus TCM-Sicht stärken Hülsenfrüchte wie Bohnen und Linsen ganz besonders unsere Nierenenergie, die dem Element Wasser zugeordnet ist. Da der kalte Winter jene Zeit ist, in der das Element Wasser herrscht, wird uns besonders in dieser Zeit empfohlen, unsere Nierenkraft mit reichlich Bohnen und Linsen zu stärken.

Achten Sie bei der Verarbeitung von Hülsenfrüchten darauf, den entstehenden Schaum immer wieder abzuschöpfen, denn er ist nicht bekömmlich und kann die blähende Wirkung begünstigen. Diese bekommen Sie übrigens mit reichlich blähungswidrigen Gewürzen wie Ingwer, Kreuzkümmel oder Fenchel in den Griff …

Wer Hülsenfrüchte mag, dem seien auch meine Bestseller „Grünes Eiweiß – 60 vegane und vegetarische Rezepte mit Hülsenfrüchten, Pilzen, Getreide und Nüssen" sowie „Grünes Eiweiß – Blitzrezepte" empfohlen, beide sind im Kneipp Verlag erschienen. Neben einer Menge schmackhafter Rezepte gibt's in beiden Bücher auch viele Informationen rund um Hülsenfrüchte, Pilze, Getreide, Samen und Nüsse.

» *Berglinseneintopf mit Wurzelgemüse – siehe S. 104*

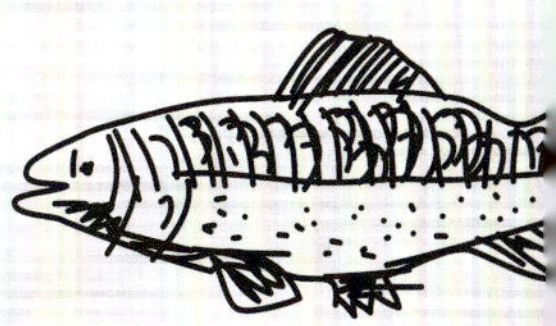

Pilze

Auch Pilze sind wertvolle Zutaten in der Kraftsuppenküche. Sie liefern Vitamin D und helfen somit bei der Knorpel- und Knochenbildung, regulieren den Kalziumstoffwechsel und gelten als immun- und herzstärkend. Aufgrund des hohen Wasseranteils und des niedrigen Kaloriengehaltes sind Pilze auch eine willkommene Zutat in einer schlanken und kalorienreduzierten Küche. Sie sind sehr sättigend und wegen des hohen Ballaststoffgehaltes ein unverzichtbarer Regulator für eine gesunde Verdauung und damit eine effiziente Hilfe beim Abnehmen. Aus Sicht der TCM können sie Feuchtigkeit transformieren und kräftigen Milz und Magen.

» ***Getrüffelte Pilzcremesuppe – siehe S. 85***

Gemüse

Dass Gemüse in alle Arten von gesunden Eintöpfen und Kraftsuppen gehört, versteht sich von selbst, besonders gut eignen sich Wurzeln und Rüben. Dazu gehören Karotten, Gelbe Rüben, Sellerieknollen, Petersilienwurzeln, Pastinaken oder Rote Rüben. Diese süßlich schmeckenden und thermisch neutralen bis warmen Gemüsesorten stärken laut TCM unsere Mitte und fördern damit unsere Verdauungskraft – ebenso wie Mais, Kürbis, Zucchini, Süßkartoffeln oder Fenchel.

Aber auch die Vielfalt der heilkräftigen Kohlgewächse ist eine kulinarische Bereicherung in Kraftsuppen und Eintöpfen – mit positiven Auswirkungen auf unsere Gesundheit. Lauchgewächse wie Zwiebel, Porree oder Knoblauch bringen neben einem intensiven Aroma auch noch eine Extraportion Wärme in den Topf – und eine Reihe von weiteren gesundheitsfördernden Stoffen wie ätherische Öle, Vitamine und Mineralstoffe.

» ***Winterliche Minestrone – siehe S. 84***

Kräuter und Gewürze in der Kraftsuppenküche

Ingwer (Radix zingiberis)

Der Ingwer gehört zu den wesentlichsten wärmenden Zutaten in der Kraftsuppenküche. In chinesischen Schriften wird er seit mehr als 2000 Jahren sowohl als Heilmittel wie auch als Nahrungsmittel erwähnt. Laut chinesischen Vorstellungen soll so gut wie jede Mahlzeit etwas Ingwer enthalten. Auch in der ältesten aller ganzheitlichen Traditionen, im indischen Ayurveda, hat er seit jeher einen Ehrenplatz.

Der aromatische Wurzelstock strotzt nur so vor gesundheitlichen Vorteilen. In der Zwischenzeit wird er auch von der westlichen Medizin intensiv beforscht und gilt als eine der heilkräftigsten Pflanzen der Welt. So konnten diverse Forschungen den erfolgreichen Einsatz bei Übelkeit und Erbrechen, u. a. bei Reisekrankheit, Schwangerschaft, nach Operationen oder im Zuge einer Chemotherapie, belegen. Jeder, der selbst einmal eine magenbedingte Übelkeit mit dem Kauen eines frischen Stücks Ingwer erfolgreich behandelt hat, wird die aromatische und heilbringende Pflanze aus seiner Küchengrundausstattung nicht mehr wegdenken wollen.

Der Ingwer wirkt wärmend und hat einen Bezug zu Lunge, Milz und Darm. Die TCM setzt ihn zudem auch bei vermindertem Appetit, Husten, Keuchatmung, beginnenden Erkältungen, Kälte, Schüttelfrost und Fieber, Kopfschmerzen sowie bei Erbrechen und Durchfall nach dem Verzehr von verdorbenem Fisch und Meeresfrüchten ein.

Die Wurzel enthält Zingiberen, Zingiberol sowie ätherische Öle und Gingerol, das u. a. für den charakteristischen und scharfen Geschmack sowie die beruhigende Wirkung auf den Verdauungstrakt verantwortlich ist. Im Ingwer enthaltene Stoffe regen zudem die Peristaltik an und wirken somit Verstopfung entgegen. Ingwer unterstützt den Körper bei der Verdauung von Eiweiß, regt den Gallenfluss an und hilft dadurch bei der Fettverdauung. Außerdem verfügt er über blähungswidrige Eigenschaften. Bereits im alten Griechenland wurde Ingwer nach üppigen Mahlzeiten verzehrt, um Verdauungsproblemen und Blähungen vorzubeugen. Seine entzündungshemmende Wirkung macht ihn ebenso wie die stark verdauungsfördernde Kraft zu einem der wertvollsten Bestandteile in einer magen- und darmschonenden Küche.

Kurkuma – Gelbwurz (Curcuma longa)

Die Kurkuma ist eine der heilkräftigsten Pflanzen und hat im indischen Ayurveda seit jeher einen Sonderplatz in der Therapie vieler Krankheiten. Sie gehört ebenfalls zur Gattung der Ingwergewächse. Wegen ihrer intensiven gelb-orangen Färbung ist die Kurkuma als Hauptbestandteil vieler Curry-Mischungen für die gelbe Farbe des Currys verantwortlich. Auch der im deutschen Sprachgebrauch übliche Ausdruck Gelbwurz ist dadurch begründet.

Die Reihe an positiven Eigenschaften ist lang – und in der Zwischenzeit auch in vielen Bereichen durch westliche Forschungen bestätigt: Kurkuma schützt das Herz, fördert die Verdauung, hemmt Entzündungen und kann Pilze abwehren. Die Pflanze hilft bei Arthritis, Alzheimer, Diabetes und kann sogar Krebserkrankungen, insbesondere Darmkrebs, vorbeugen. Der aktivste Wirkstoff ist das Curcumin, das u. a. für die stark entzündungshemmenden Eigenschaften verantwortlich ist. Die Kurkuma wirkt anregend auf die Magensaft- und Gallensäureproduktion und kann bei chronischen Magenschmerzen und Magengeschwüren Linderung schaffen.

Sie hat einen leicht scharfen, etwas bitteren Geschmack und passt hervorragend in Eintöpfe, Currys und (Kraft-)Suppen aller Art. Mehrere Quellen empfehlen übrigens, Kurkuma gemeinsam mit frisch gemahlenem schwarzem Pfeffer zu verzehren. Auf diese Art wird die Fähigkeit des Körpers, das heilkräftige Curcumin aufzunehmen, um ein Vielfaches erhöht.

Sternanis (Illicium verum)

Der aus tropischen Gebieten stammende Sternanis ist botanisch nicht mit dem Gewürzanis verwandt, den wir in Europa kennen – in Bezug auf Wirkung und Geschmack gibt es aber durchaus viele Ähnlichkeiten. Die optisch äußerst attraktive Gewürzkapsel enthält auch eine beachtliche Menge an Anethol und hat eine positive Wirkung auf unsere Verdauung. Sternanis wärmt laut TCM Nieren, Milz und Magen und wird bei Appetitlosigkeit, Blähungen, Völlegefühl nach dem Essen und Brechreiz mit Erfolg eingesetzt. Wärmenden Kraftsuppen verleiht er ein ganz besonderes Aroma.

Fenchel (Foeniculum vulgare)

Der Fenchel gehört zu den Doldenblütlern und wird als Gemüse-, Gewürz- und Heilpflanze weltweit gerne zum Einsatz gebracht. Blähende Babybäuche werden rund um den Globus mit Fencheltee behandelt. Hildegard von Bingen hat den Fenchel bereits im 12. Jahrhundert als Lebensmittel gelobt, das Menschen fröhlich macht und wärmt und das eine gute Verdauung verursacht. Die Pflanze wirkt karminativ (blähungstreibend), krampflösend, verdauungsfördernd, harntreibend und leicht antiseptisch. Im Ayurveda und der TCM wird sie ebenfalls als thermisch warm eingestuft und häufig bei Kältesymptomen verwendet. Bauchschmerzen, Spannungsgefühle im Unterbauch, Aufstoßen und Erbrechen sowie verminderter Appetit werden hier mit Fenchel behandelt.

2009 wurde der Fenchel in Deutschland zur Arzneipflanze des Jahres gekürt. Der typische Geschmack ist dem reichlich enthaltenen ätherischen Öl Anethol zu verdanken. Fenchel ist zudem ein hervorragendes Mittel gegen schlechten Atem. In Indien werden Fenchelsamen nach dem Essen gerne als Munderfrischer gekaut.In der Küche harmonieren sowohl Fenchelknolle als auch Fenchelsamen besonders gut mit Fisch und Meeresfrüchten. Eintöpfe, Suppen und Currys bereichert die Beigabe von Fenchelsamen mit einer interessanten süßlichen Note.

Kreuzkümmel (Cuminum cyminum)

Der Kreuzkümmel wird auch Mutterkümmel oder Cumin genannt. Auch er gehört zu den Doldenblütlern und ist besonders in der indischen Küche ein fixer Bestandteil. Hildegard von Bingen empfahl ihn ebenso – vor allem als Gewürz zum Käse, damit dieser besser vertragen werde.

Der Kreuzkümmel wirkt sich besonders positiv auf unsere Verdauung aus. Er wärmt den Unterleib und entspannt somit Magen und Darm. Auch blähungswidrige Eigenschaften werden ihm nachgesagt. Eintöpfe und Suppen mit Hülsenfrüchten macht er leichter verdaulich und besonders bekömmlich.

Grüner Kardamom (Elettaria cardamomum)

Auch der grüne Kardamom gehört zu den Ingwergewächsen, in der indischen und orientalischen Küche ist er ein beliebtes Gewürz. Dem süßlich-scharfem Kardamom wird in arabischen Ländern eine aphrodisierende Wirkung nachgesagt.

Verwendet werden die Samen, die aus den getrockneten Kapselfrüchten erst herausgelöst werden müssen. Um ein intensiv-aromatisches Pulver zu erhalten, empfiehlt es sich, Kardamomsamen im Mörser oder in der Gewürzmühle frisch zu zerkleinern und nicht auf bereits gemahlenen Kardamom zurückzugreifen.

In der Traditionellen Chinesischen Medizin wird das Gewürz gerne verwendet, um Feuchtigkeit zu transformieren und Verschleimungen entgegenzuwirken. Das ätherische Öl des Kardamoms hat zudem eine wohltuende Wirkung auf Speichel-, Magen- und Gallensaftsekretion und wird in der Naturheilkunde gerne bei Verdauungsproblemen zum Einsatz gebracht. Suppen und Eintöpfen verleiht der Kardamom eine exotisch-orientalische Note.

Zimt (Cortex Cinnamomi)

Zimt wird aus der Rinde des Zimtbaumes hergestellt – für die Herstellung von Zimtöl werden auch kleine Äste und Blätter verwendet. Man unterscheidet zwischen dem – meist – hochwertigeren Ceylon-Zimt aus Sri Lanka und dem etwas schärferem Cassia-Zimt aus China. Je dünner und feiner gerollt, umso hochwertiger ist Zimt. Vor allem in Kompotten und Musen wird Zimt auch hierzulande seit jeher gerne verwendet.

Zimt ist vor einiger Zeit wegen eines möglicherweise zu hohen und damit schädlichen Cumarin-Gehaltes ins Kreuzfeuer der Kritik gelangt. Cumarin-Überdosierungen können bei empfindlichen Menschen Kopfschmerzen auslösen, hohe Überdosierungen angeblich auch Leberschäden und möglicherweise sogar Krebs verursachen. Allerdings werden derart hohe Dosen kaum konsumiert – und dass die Dosis das Gift macht, ist ohnehin altbekannt. Wer dieses Risiko dennoch minimieren möchte, sollte beim Einkauf achtsam sein und keinen billigen Cassia-Zimt aus China, sondern den hochwertigeren Ceylon-Zimt erstehen. Dieser enthält nämlich pro Kilogramm nur 0,02 Gramm Cumarin – wohingegen chinesischer Cassia-Zimt bis zu zwei Gramm pro Kilogramm liefern kann.

Zimt hat aber auch viele positive und gesundheitsfördernde Eigenschaften. So wird dem süßlich-aromatischen Gewürz eine blutzucker- und blutfettsenkende Wirkung nachgesagt, in alternativmedizinischen Kreisen wird er daher gerne Diabetikern des Typs 2 empfohlen. Aus Sicht der Traditionellen Chinesischen Medizin kann das wärmende Gewürz u. a. bei Libidomangel, Durchfall, Unterfunktion der Schilddrüse und Appetitlosigkeit zum Einsatz gebracht werden.

Gewürznelken (Syzygium aromaticum)

Gewürznelken sind die sehr aromatisch und scharf schmeckenden Blütenknospen des Gewürznelkenbaumes, der ursprünglich auf den Molukken beheimatet war. Eine gute Qualität ist daran erkennbar, dass sich die Nelken fettig anfühlen und sogar etwas Öl absondern, wenn man sie mit dem Fingernagel eindrückt. Nelken enthalten viele ätherische Öle, die für das intensive und süßliche Aroma verantwortlich sind. Zudem stecken sie voller Antioxidantien und haben daher einen gesundheitlichen Mehrwert. Ihre wärmenden Eigenschaften können wir uns in Musen und Kompotten, aber auch in pikanten Suppen und Eintöpfen zunutze machen.

Piment (Pimenta dioica)

Der Piment, auch Nelkenpfeffer, Jamaikapfeffer oder Neugewürz genannt, gehört zu den Myrtengewächsen. Als Gewürz werden die getrockneten, unreifen Früchte verwendet, die einen scharfen und aromatisch süßlichen Geschmack aufweisen. Hauptanbaugebiet ist die Karibikinsel Jamaika. Piment enthält ätherische Öle, vor allem Eugenol. Dem exotischen Gewürz werden appetitanregende und magenfreundliche Eigenschaften nachgesagt. In wärmenden Wildgerichten, Fonds, Grundsuppen und Eintöpfen profitieren wir vom aromatischen Piment sowohl kulinarisch wie auch gesundheitlich.

Liebstöckel (Levisticum officinale)

Das Liebstöckel, auch Maggikraut genannt, darf in der Kraftsuppen- und Eintopf-Küche nicht fehlen. Bereits im Mittelalter und Barock war das Kraut eine beliebte Heilpflanze. Sie galt als magenwärmend und harntreibend (diuretisch) sowie blähungswidrig. Liebstöckel fördert die Aufnahme von Nährstoffen und ist verdauungsfördernd.

In der TCM wird besonders die Wurzel, in der Pharmazie Levistici radix genannt, therapeutisch verwendet, und zwar beispielsweise bei Problemen mit der Regelblutung, Blasen- und Nierenentzündungen, Ödemen, Müdigkeit oder Brechreiz. Die Wurzel wird als thermisch warm, leicht bitter, süß und scharf charakterisiert und Magen, Dickdarm, Leber und Niere zugeordnet.

Rosmarin (Rosmarinus officinalis)

Der Rosmarin verleiht Suppen und Eintöpfen einen mediterranen Geschmack und besitzt eine Reihe von gesunden Eigenschaften. Das Kraut enthält u. a. aromatische ätherische Öle, Gerbstoffe, Flavonoide, Bitterstoffe, Saponine und Harz. Bereits im 1. Jahrhundert wurde Rosmarin in medizinischen Schriften erwähnt. Seine kreislaufanregende Wirkung wird in der Naturheilkunde ebenso geschätzt wie die wärmende Wirkung auf den Unterleib – weswegen Schwangeren auch von der Einnahme abgeraten wird. Rosmarin wirkt desinfizierend, durchblutungssteigernd und pilzhemmend.

Aus Sicht der TCM kann man Rosmarin den Organen Niere, Milz und Gallenblase zuordnen und das Kraut als Qi-Tonikum bezeichnen. Er hilft bei Migräne ebenso wie bei Rückenschmerzen, beginnenden Infekten oder Schwächezuständen. Besonders hervorzuheben ist die belebende, aktivierende und damit antriebssteigernde Wirkung des aromatischen Krautes.

Lorbeer (Laurus nobilis)

Der Lorbeer wird oft als Zutat für Kraftsuppen und Eintöpfe verwendet – und das aus gutem Grund. Seine schmackhaften Blätter enthalten wertvolle Öle. Die aromatische Pflanze verfügt aber nicht nur über kulinarische Vorzüge, auch ihre medizinische Verwendung hat eine lange Tradition: Die Liste der therapeutischen Einsatzbereiche reicht von Magenbeschwerden über Menstruationsprobleme, Blasenleiden, Atemwegserkrankungen bis zu Verstopfung und Bronchitis. In der Küche kommt der Lorbeer auch deshalb gerne zum Einsatz, weil er den Appetit

Lorbeer (Laurus nobilis)

anregt, Magen- und Speichelsaft erhöht sowie Blähungen entgegenwirkt und beim Entgiften hilft.

Chili (Capsicum)

Wer mit Suppen und Eintöpfen wärmen will, wird auf die Beigabe von Chili nicht verzichten wollen. Das scharfe Nachtschattengewächs mit seinem Hauptinhaltstoff Capsaicin enthält auch ätherische Öle, Carotionoide, Flavonoide und Vitamin C. Chilis wirken verdauungsfördernd, schweißbildend und antibakteriell. Sie werden bei Appetitlosigkeit, Blähungen, Verdauungsschwäche und Kältesymptomen therapeutisch zum Einsatz gebracht. Die thermisch heiße Wirkung sorgt dafür, dass unser Blut in Wallung gebracht wird – weswegen bei bereits vorhandenen Hitzesymptomen wie Unruhe, Schweißausbrüchen oder Bluthochdruck auch Vorsicht geboten sein sollte.

Wer die Seitenwände und Kerne von Chilis entfernt, der dezimiert auch den Schärfegrad der heißen Frucht. Das fettlösliche Capsaicin lässt sich übrigens am besten mit Öl von den Händen waschen – oder man benützt beim Verarbeiten Einweghandschuhe und vermeidet dadurch Hautirritationen nach dem Schneiden größerer Mengen Chilischoten.

Pfeffer (Piperales)

Der Pfeffer ist schon lange nicht mehr wegzudenken aus unserer Küche – fast wirkt er heimisch, obwohl er zu den Exoten der ersten Tage gehört. Sogar Haushalte, deren Gewürzregal lediglich eine Handvoll Gewürze aufweist, können immer damit aufwarten. In der Zwischenzeit ist neben der bereits gemahlenen schwarzen Form (Piper nigrum), jahrelang das einzige Pendant zum Salz, auch in Supermärkten und Gourmetläden eine Vielfalt an Pfeffervarianten erhältlich – das bunte Angebot lässt das Herz von leidenschaftlichen Köch/inn/en schnell einige Etagen höher schlagen.

Weiße, grüne, rote und schwarze Pfefferkörner sind allesamt Früchte derselben Pflanze. Neben diesen Varianten lohnt es sich aber auch, zum Beispiel rosa Pfeffer (Schinus terebinthifolius), langen Pfeffer (Piper longum), Sezchuanpfeffer (Zanthoxylum piperitum), Voatsiperifery (Piper borbonense) oder Kubebenpfeffer (Piper cubeba) auszuprobieren – und das sind nur einige Alternativen zum klassischen Pfeffer. Ich empfehle Ihnen: Erforschen Sie die Pfefferwelt und erweitern Sie Ihren persönlichen Gewürzehorizont. Pfeffer ist stets scharf und wärmend im Temperaturverhalten, Ihrer Kraftsuppe und Ihrem Eintopf verleiht er je nach Sorte jedenfalls eine unverwechselbare Note.

Chinesische Kräuter in der Kraftsuppenküche

Zwei Hauptsäulen der Traditionellen Chinesischen Medizin sind die Kräutertherapie und die chinesische Diätetik, also die Ernährungslehre. Die Tradition, Kraftsuppen zu kochen, vereint diese beiden Disziplinen. Je nach gewünschter Wirkung können Kraftsuppen zur allgemeinen Vorbeugung und Stärkung oder bei bereits vorhandenen Ungleichgewichten auch gezielt therapeutisch genossen werden. So werden speziell wirksame Kräuter, Samen, Nüsse und Früchte mit den Suppen mitgekocht.

Ist er Koch oder Arzt?
Ist dies eine Apotheke oder ein Restaurant?
Fisch, Fleisch, Gemüse, Frühlingszwiebel und Poree:
Köstliche Gerichte verbannen Tabletten und Pillen,
nahrhafte Speisen sind das Mittel gegen alle Leiden.
(Chinesisches Gedicht)

In der TCM-Kraftsuppenküche stimmen wir die zugegebenen Kräuter also sehr individuell nach der jeweiligen Grundkonstitution, vorhandenen Ungleichgewichten sowie der Jahreszeit ab. Maximal fünf bis

Astragaluswurzel (Radix Astragali)

sieben verschiedene chinesische Kräuter verkochen wir in unserer Kraftsuppe, die mit wärmenden Gewürzen Qi und Yang bzw. mit entsprechend kühlenden und erfrischenden Zutaten Yin und Blut stärken. Damit unsere Kräuter therapeutisch wirksam werden, verkochen wir im Durchschnitt insgesamt rund 50 bis 60 Gramm in einem 4-Liter-Topf. Ich möchten Ihnen hier ein paar der gängigsten Kraftsuppen-Zutaten der Traditionellen Chinesischen Medizin vorstellen. Wer sich detailliert und tiefergehend mit Kraftsuppen nach TCM und ihren spezifischen Wirkungen auseinandersetzen möchte, dem sei das wunderbare Buch „Kraftsuppen nach der Chinesischen Heilkunde“ von Karola Schneider, erschienen 2014 im Joy Verlag, empfohlen. Auch Apotheken, die auf TCM spezialisiert sind, oder Ernährungsberater/inn/en nach TCM geben gerne Auskunft in Sachen Kraftsuppenkräuter – abgestimmt auf Ihre persönlichen und individuellen Bedürfnisse.

Gojibeeren (Fructus lycii)

Gojibeeren, auch Bocksdornfrüchte, chinesisch „Gou Qi Zi“ genannt, sind in unseren Breiten in den letzten Jahren sehr bekannt geworden. Sie gelten als sogenanntes Superfood und ihre Wirkweise hat es nicht nur aus Sicht der TCM in sich. Nicht zufällig werden Gojibeeren oft als die gesündesten Beeren der Welt bezeichnet. Ihr hoher ORAC-Wert von mehr als 23.000 zeichnet sie als großartige Antioxidantien aus, sie sind ein ganz besonderer Jungbrunnen für unsere Zellen (ORAC ist die Abkürzung für Oxygen Radical Absordance Capacity, also die Fähigkeit, freie Radikale zu binden).

In der Zwischenzeit werden die Beeren auch bei uns kultiviert, sie wachsen relativ problemlos in heimischen Gärten. Gojibeeren werden in der TCM als Nahrung für Blut und Yin verwendet. Sie haben eine besondere Wirkung auf Leber und Niere und stärken unsere Augen. Ihr Geschmack ist süßlich bitter und ihr Temperaturverhalten neutral. Gojibeeren können in Suppen und Eintöpfen mitgekocht werden, aber auch in süßen Speisen wie Kompotten und Breien sind sie eine wertvolle Zutat.

Rote Datteln (Fructus jujubae)

Rote Datteln werden auch Jujubenfrüchte (chinesisch „Da Zao“) genannt und gehören in der chinesischen Diätetik zu den Qi-tonisierenden Zutaten. Sie stärken das Qi von Milz und Magen und helfen dabei, aufgenommene Nährstoffe besser umzuwandeln. Sie haben einen süßen Geschmack und ein neutrales Temperaturverhalten. Die Früchte wirken antiallergen und beruhigend und werden als allgemeines Stärkungsmittel eingesetzt. Sie enthalten u. a. die Vitamine A, B_2 und C und beugen Lebererkrankungen und Stressgeschwüren vor.

Ginseng (Radix ginseng)

Die Ginsengwurzel, chinesisch „Ren Shen“ genannt, gilt in der chinesischen Medizin als besonderes Lebenselixier. Ihr wird eine Qi-tonisierende Wirkung zugesprochen, speziell auf Herz, Milz und Lunge. Die Liste der Indikationen ist lang. Die teure Wurzel wird auch mit hoher Weisheit in Verbindung gebracht, da sie Klarheit ins Herz bringen soll. Nach modernen Forschungen wirkt Ginseng u. a. immunstimulierend sowie cholesterin- und blutzuckersenkend. Ginseng regt das Qi an – daher ist Vorsicht geboten, wenn dieses bereits in Aufruhr ist. Weder bei akuten Infekten noch bei Bluthochdruck sollte Ginseng in Ihrer Kraftsuppe landen.

Astragaluswurzel (Radix Astragali)

Auch Astragalus, chinesisch „Huang Qi“ genannt, ist ein Qi-tonisierendes Kraut. Der Geschmack der Wurzel ist süß, das Temperaturverhalten warm. Sie wirkt spezifisch auf Lunge und Milz. Ähnlich wie Ginseng sollte Astralagus nicht bei akuten Infekten oder Bluthochdruck gegessen werden. Bei Abgeschlagenheit, Erschöpfung, Müdigkeit und Organsenkungen kann die Wurzel aber gute Dienste erweisen.

Yamswurzel (Rhizoma Dioscorea)

Die Yamswurzel wird chinesisch „Shan Yao“ genannt. Sie ist nicht nur in der chinesischen Medizin, sondern auch in der afrikanischen und karibischen Küche ein Begriff. Man munkelt, dass die Spitzenleistungen jamaikanischer und afrikanischer Läufer/inn/en und Athlet/inn/en u. a. mit dem regelmäßigen Konsum dieses Wundergewächses zusammenhängen, steht die stärkehaltige Wurzel doch häufig auf deren Speiseplan. In der TCM gilt die Yamswurzel ebenfalls als Qi-Tonikum mit süßem Geschmack und neutralem Temperaturverhalten. Sie wirkt auf Milz, Magen und Niere und leitet Feuchtigkeit aus.

Chinesische Angelikawurzel (Radix Angelika Sinensis)

Die in China „Dang Gui“ genannte Wurzel ist ein wichtiges Kraut, wenn wir unser Yin und speziell unser Blut stärken wollen. Sie ist thermisch warm und gehört zu den sogenannten Frauenkräutern, stärkt und bewegt das Blut und unterstützt die Blutbildung. Die chinesische Angelikawurzel wirkt auf Milz, Leber und Herz. Nach der Geburt hilft sie beim Blutaufbau, während der Menstruation sollte sie allerdings nicht genossen werden, da es sonst zu sehr starken Blutungen kommen könnte.

Rehmannia-Wurzel (Radix Rehmannia Preparata)

Die chinesische „Shu Di Huang“ gilt in der TCM als wichtiges Blut-Tonikum und wird gerne bei Menstruationsproblemen zum Einsatz gebracht. Auch als Vorbeugung gegen Senilität, Schlaflosigkeit, Schwindel und im Klimakterium wird sie empfohlen. Die süßlich und bitter schmeckende Wurzel wirkt besonders auf Leber und Niere und hat ein neutrales bis warmes Temperaturverhalten. Die dunkle Wurzel färbt Ihre Kraftsuppe sehr dunkel. Bei Durchfall und schwacher Mitte sollte sie nicht genossen werden. Auch sollte sie nicht gemeinsam mit Zwiebel, Knoblauch oder Rettich zubereitet werden.

Glockenwindenwurzel (Codonopsis radix)

Die in China „Dang Shen“ genannte Wurzel wird gerne auch als Ersatz für Ginseng verwendet. In Suppen mitgekocht gilt sie als gutes Kraut, um das „Wei Qi“, d. h. die Abwehrkräfte, zu steigern. Sie tonisiert die Mitte und das Qi und unterstützt Yin und Blut. Mit ihrem süßlichen Geschmack und dem neutralen Temperaturverhalten sowie der immunstimulierenden Wirkung wird die Glockenwindenwurzel den Funktionskreisen Milz und Lunge zugeordnet.

Weitere wertvolle Zutaten für kraftvolle Suppen und Eintöpfe

Algen (Alga)

Wer seine Suppen oder Eintöpfe mit einer Extraportion Nährstoffe anreichern möchte, dem sei auch der Einsatz von Meeresalgen empfohlen: Diese können einen je nach Art unterschiedlichen, aber stets bemerkenswerten Eiweißgehalt aufweisen, zum Teil liegt dieser bei über 60 Prozent. Aber nicht nur der Eiweißgehalt des Meeresgemüses lässt sich sehen. Es enthält auch jede Menge Spurenelemente und Mineralstoffe sowie Beta-Carotin und ungesättigte Fettsäuren. Algen sind in Asialäden, Reformhäusern und Bioläden erhältlich. Den Produkten aus Bioläden und Reformhäusern gebe ich persönlich beim Einkauf gerne den Vorzug.

In getrockneter und gemahlener Form können Algen auch als Würzmittel zum Einsatz kommen. Vorsicht ist jedoch bei einer Schilddrüsenüberfunktion geboten – aufgrund des hohen Jodgehaltes kann es hier bei häufigem Konsum zu Problemen kommen.

» ***Scharfes Linsen-Algen-Süppchen mit Zucchini – siehe S. 82***

Veredeln mit hochwertigen Ölen, Nüssen und Samen

Um unseren Kraftsuppen und Eintöpfen den letzten gesundheitlichen wie kulinarischen Schliff zu verpassen, können wir sie mit hochwertigen Ölen, Nüssen und Samen aufwerten. Oliven-, Leindotter-, Walnuss-, Sesam-, Mandel-, Chiasamen-, Lein-, Kokos-, Pistazien- oder Mohnöl, um nur einige zu nennen, bringen eine Extraportion Gesundheit und Energie auf den Teller – wenn wir sie in hochwertiger Qualität, d. h. auf jeden Fall in kaltgepresster Form, zu uns nehmen. Wertvolle Fettsäuren machen Ihre Kraftsuppe oder Ihren Eintopf zu einem besonderen Gesundheitselixier. Oliven- und Kokosöl können Sie auch zum Kochen verwenden, die anderen Öle fügen Sie erst am Ende der Kochzeit bei, am besten Sie träufeln vor dem Servieren einen Schuss davon über Ihre Gerichte.

Ebenso können Sie Ihre Gerichte mit Nüssen und Samen aufwerten. Sesam, Pinien-, Sonnenblumen- oder Kürbiskerne und vieles mehr fügen den Speisen köstliche Geschmäcker und weitere hochwertige Inhaltsstoffe bei.

» *Cashew-Curry mit Pilzen und Kartoffeln auf Massaman-Art – siehe S. 106*

Eintöpfe – die gehaltvolleren Suppen

Eine strikte Abgrenzung zwischen Suppe und Eintopf ist nicht wirklich möglich. Je gehaltvoller man sie zubereitet, desto eher wird aus der Suppe ein Eintopf.

Auf der ganzen Welt isst man Eintöpfe, die nicht nur reich an Nährstoffen sind, sondern meist auch zu den besonders bekömmlichen Gerichten zählen. Wie Kraftsuppen werden auch sie oft sehr lange gekocht und gerne mehrere Tage hintereinander gegessen: Vom klassischen Gulasch über allerlei asiatische Currys bis zu deftigen Krauttöpfen – häufig gewinnen diese Eintöpfe kulinarisch, wenn man sie mehrmals erwärmt. Daher sind Suppen und Eintöpfe auch eine hervorragende Wahl für Partys und größere Essenseinladungen. Sie können meist bereits am Vortag zubereitet werden und müssen beim Eintreffen der Gäste dann nur mehr erwärmt werden.

Zu den Eintöpfen zählt auch allerhand Deftiges mit „mehr" Kalorien – Speck und fettes Fleisch machen sie manchmal wirklich sehr nährend. In der kalten Jahreszeit oder in sehr stressigen Zeiten können aber auch diese Gerichte einen gesundheitlichen Mehrwert bringen, denn das eine oder andere Kilo kann uns zum Beispiel vor rauen Temperaturen schützen oder unsere Nerven ein wenig einbetten. Wie so oft heißt es natürlich auch hier: Die Dosis macht das Gift. Und dass sich bereits übergewichtige Menschen lieber an die etwas kalorienärmeren Suppen und Eintöpfe halten sollten, sagt uns wohl schon der Hausverstand.

Consommé – geklärte Kraftbrühe vom Rind

8–10 Portionen

700 g Bio-Suppenfleisch vom Rind
2 Bio-Markknochen
2 Bio-Sandknochen
2 Bio-Fleischknochen
1 gelbe Zwiebel
3 l kaltes Wasser
Salz
1 TL Pfefferkörner
4 Pimentkörner
2 Lorbeerblätter
120 g Sellerieknolle
100 g Lauch (grüner Teil)
1 Karotte
1 Gelbe Rübe
1 Petersilienwurzel
1 Schuss Sherry
1 Prise Muskatnuss

Für das Klärfleisch:

200 g Wurzelgemüse
200 g Bio-Hackfleisch (Faschiertes) vom Rind
2 Eiweiß

Für die Suppe Fleisch und Knochen waschen. Einen großen Topf erhitzen, Fleisch und Knochen ohne Fett kurz darin anbraten. Die Zwiebel mit Schale halbieren und ebenfalls im Topf kurz anbraten, sodass die Schnittfläche aromatisch geröstet und leicht gebräunt wird.
Mit dem Wasser aufgießen und mit Salz würzen. Pfefferkörner, Piment und Lorbeerblätter dazugeben und alles aufkochen. Dann die Hitze reduzieren und die Suppe auf kleiner Flamme 2 Stunden köcheln lassen. Nach 1 Stunde das Suppengemüse dazugeben und weiterkochen.
Die Suppe durch ein mit einem Mulltuch ausgelegtes Sieb in einen anderen Topf abseihen und kalt werden lassen.

Wurzelgemüse für das Klärfleisch waschen und fein raspeln oder durch den Fleischwolf drehen. Das Fleisch mit Eiweiß und dem faschierten Gemüse gut vermischen.

Um die Suppe zu klären, das Klärfleisch mit einem Schneebesen in die kalte Suppe einrühren. Die Suppe zum Kochen bringen, anfangs immer wieder umrühren, sodass sich nichts am Boden anlegt. Sobald das Eiweiß zu gerinnen beginnt und hochsteigt, nicht mehr umrühren. Auf kleiner Flamme abermals rund 1–2 Stunden sieden (das Eiweiß von Ei und Hackfleisch bindet die Trübstoffe, die Suppe wird ganz klar; die gebundenen Trübstoffe können mit einem Schaumlöffel abgeschöpft werden).
Die Suppe durch ein Mulltuch abseihen. Mit Salz, Sherry und geriebener Muskatnuss abschmecken.

Die feine Consomée klar oder mit einer Suppeneinlage Ihrer Wahl servieren.

Knochenkraftsuppe

ca. 10 Portionen

1 kg Bio-Rinderknochen
1 Ochsenschwanz
1 kg Bio-Kalbsknochen
1 Schweinefuß
3 Hühnerfüße
(ersatzweise Flügel, Rücken etc.)
3 Karotten
2 Petersilienwurzeln
½ Sellerieknolle
2 Zwiebeln, ungeschält
1 Bund Petersilie
1 Handvoll Liebstöckel
2 Lorbeerblätter
8 bunte Pfefferkörner
3 Wacholderbeeren
1 Spritzer Essig
4 l kaltes Wasser
Salz oder Sojasauce

Knochen, Fleisch und Gemüse waschen und alle Zutaten – außer Salz bzw. Sojasauce – in einen großen Topf füllen. Aufkochen lassen, dann die Hitze reduzieren. Die Knochenkraftsuppe 4–10 Stunden auf kleiner Flamme köcheln lassen.
Dann die Brühe abseihen. Wem die Suppe zu fett ist, der lässt sie auskühlen und nimmt das Fett ab, das sich an der Oberfläche sammelt. Dieses Fett ist sehr nahrhaft und geschmackvoll, es kann zum Würzen von Saucen, Suppen oder Gemüse verwendet werden.

Die Suppe vor dem Essen mit Salz oder/und Sojasauce abschmecken und je nach Geschmack mit einer Suppeneinlage nach Wahl servieren.

Tipp Diese Knochenkraftsuppe kann als Basis für weitere Suppen und Eintöpfe verwendet werden, im Kühlschrank hält sie gut eine Woche, im Tiefkühler mehrere Monate. Eine sehr schonende Methode, sie zu konservieren, ist das Einmachen bzw. Einrexen – siehe auch S. 10.

Info

Knochenkraftsuppen stärken Knochen, Knorpel, Haut und Nerven. Mehr darüber lesen Sie auf S. 8.

Wildkraftbrühe
mit Wurzelgemüsestreifen

Knochen waschen, Wurzelgemüse putzen. Zwiebel samt Schale vierteln. Knoblauch ebenfalls samt Schale halbieren. Lauch grob zerkleinern.
Olivenöl in einem Bräter erhitzen. Knochen, Speck und Fleischabschnitte dazugeben und alles anrösten. Zwiebel, Lauch und Knoblauchzehe sowie die getrockneten Pilze beifügen und alles kurz mitrösten.
Anschließend die Gewürze und das Suppengemüse dazugeben, mit kaltem Wasser aufgießen und aufkochen lassen. Dann die Hitze reduzieren und die Suppe auf kleiner Flamme mindestens 3–4 Stunden kochen lassen. Wenn zu viel Wasser verdunstet, immer wieder etwas Wasser nachgießen. Gegen Ende der Kochzeit mit Sherry, Salz und Pfeffer abschmecken. Die Suppe abseihen.

Das Gemüse für die Einlage schälen, in feine Julienne-Streifen schneiden und noch in der Wildkraftbrühe garen.

Die Suppe heiß servieren.

Tipp Dieser Wildfond eignet sich auch sehr gut für diverse Wildragouts und Eintöpfe.

6–8 Portionen

1 kg Wildknochen (Reh, Hirsch etc.)
1 Petersilienwurzel
1 Karotte
1 Gelbe Rübe
1 Scheibe Knollensellerie
1 Zwiebel
1 Knoblauchzehe
½ Stange Lauch (weißer Teil)
2 EL Olivenöl extra vergine
1 Stück Speck (mit Schwarte)
1 kg Fleischabschnitte vom Wild (Reh, Hirsch etc.)
1 EL getrocknete Steinpilze
4 Pfefferkörner
3 Wacholderbeeren
1 Zweig Thymian
1 Lorbeerblatt
2,7 l kaltes Wasser
1 Spritzer Sherry
Salz
Pfeffer aus der Mühle

Als Suppeneinlage:
1 Karotte
1 Petersilienwurzel
1 Gelbe Rübe

Info
Wildfleisch hat laut Traditioneller Chinesischer Medizin eine wärmende Wirkung.

Lammknochenkraftsuppe

4 Portionen

500 g Bio-Lammknochen
1 Stange Lauch (weißer Teil)
1 Petersilienwurzel
1 Karotte
1 Gelbe Rübe
½ Fenchelknolle
2 Stangen Staudensellerie
1 Bund Kerbel
3 Wacholderbeeren
1 Lorbeerblatt
5 Pfefferkörner
1,3 l kaltes Wasser
Saft von ½ Zitrone
Salz
Pfeffer aus der Mühle

Lammknochen, Gemüse und Kerbel waschen und mit den Gewürzen im kalten Wasser aufsetzen, etwas Zitronensaft beifügen. Alles aufkochen lassen, anschließend die Hitze reduzieren. Die Suppe mindestens 3 Stunden (gerne länger) auf kleiner Flamme sieden lassen.
Dann abseihen. Wenn die Suppe gleich verzehrt wird, mit Salz und Pfeffer abschmecken. Wollen Sie sie aufheben (eingefroren oder in Schraubgläsern), salzen Sie vorerst nicht.

Tipp Servieren Sie die Lammsuppe mit einer Einlage nach Wahl oder verarbeiten Sie sie in Eintöpfen mit Lammfleisch. Gut dazu passen grüne Bohnen (Fisolen), Karotten und Pastinaken.

Omas Rinderkraftsuppe
mit Markknochen

Gemüse bürsten. Fleisch und Knochen waschen, Splitter entfernen.
Knochen und Fleisch in kaltem Wasser aufsetzen und einmal aufkochen lassen. Den Schaum abschöpfen.
In der Zwischenzeit die Zwiebel samt Schale in wenig Olivenöl anrösten, sodass sie eine süßliche Note bekommt. Die geröstete Zwiebel mit Suppengemüse, Petersilie und Gewürzen zur Suppe geben und alles auf kleiner Flamme 2–5 Stunden kochen lassen. Die Suppe abseihen und salzen. Mit einer Einlage nach Wahl und Schnittlauchröllchen heiß servieren.

Tipp Frisches gekochtes Gemüse ist eine hervorragende Einlage – oder Sie schneiden einen Teil des Suppenfleisches nach 2 Stunden Kochzeit in Würfel, legen es beiseite und verwenden es später als Einlage.

Das nahrhafte Knochenmark schmeckt als Vorspeise auf getoastetem Roggenbrot.

8–10 Portionen

2 Petersilienwurzeln
¼ Sellerieknolle,
in Scheiben geschnitten
2 Karotten
2 Gelbe Rüben
1 kg Bio-Rindsuppenfleisch
500 g Bio-Rinderknochen
500 g Bio-Markknochen
3 l kaltes Wasser
1 große Zwiebel
1 EL Olivenöl extra vergine
1 kleiner Bund Petersilie
1 Lorbeerblatt
3 Wacholderkörner
4 Pfefferkörner
Salz
1 Bund Schnittlauch,
in Röllchen

Chinesische Rinderkraftsuppe
mit Gemüse und Sesam

8–10 Portionen

2 Karotten
1 Fenchelknolle
1 Stück weißer Rettich
4 Jungzwiebeln
1 kg gemischte Bio-Rinderknochen (Markknochen, Beinfleisch, Sandknochen o. Ä.)
1 kg mageres Bio-Rindsuppenfleisch
3 l kaltes Wasser
1 Stück frischer Ingwer
1 Lorbeerblatt
1 Handvoll chinesische Datteln*
1 Handvoll Gojibeeren*
1 Spritzer Sojasauce
Saft von 1 Limette
1 Spritzer Sesamöl
200 g frische Spinatblätter
½ kleiner Chinakohl
1 kleiner Blumenkohl (Karfiol)
2 Tomaten
1 Handvoll weißer Sesam

*Information zu chinesischen Kraftsuppenzutaten finden Sie auf S. 20.

Karotten, Fenchel, Rettich und Jungzwiebeln sowie Knochen und Fleisch gründlich waschen. Mit dem kalten Wasser in einen Topf geben. Ingwer, Lorbeer, Datteln und Gojibeeren beifügen. 3–6 Stunden auf kleiner Flamme zu einer kräftigen Suppe kochen (achten Sie darauf, dass nicht zu viel Wasser verdampft und gießen Sie gegebenenfalls wieder etwas Wasser nach – die Zutaten sollten stets gut mit Wasser bzw. Suppe bedeckt sein).
Das weich gekochte Rindsuppenfleisch nach rund 1,5–2 Stunden aus dem Topf nehmen und beiseitestellen. Die Suppe mit den restlichen Zutaten weiterkochen.
Nach 3–6 Stunden die Suppe abseihen und mit Sojasauce, etwas Limettensaft und Sesamöl abschmecken.
Nun die Spinatblätter waschen, Chinakohl feinnudelig, Blumenkohl in kleine Röschen schneiden. Tomaten von Stielansatz und Kernen befreien und in mundgerechte Stücke schneiden. Zuerst den Blumenkohl, kurz danach den Chinakohl, dann Tomaten und Spinat zur simmernden Suppe geben und kurz garen.
Das Suppenfleisch in mundgerechte Stücke oder Streifen schneiden und in der heißen Suppe erwärmen.

Die Suppe mit weißem Sesam bestreut servieren.

Info
Diese wärmende Kraftsuppe stärkt Blut und Qi, unsere Lebensenergie.
Sie kann nach Bedarf auch mit chinesischen Kraftsuppenkräutern ergänzt werden.

Wärmende Rinderkraftsuppe
mit chinesischen Heilkräutern

8–10 Portionen

1 Karotte
1 Gelbe Rübe
½ Sellerieknolle
1 Petersilienwurzel
1 Stange Lauch
1 Bund Petersilie
1 kg Bio-Rindsuppenfleisch
1 kg Bio-Rinderknochen
3–5 Stück rote chinesische Datteln*
1 Handvoll getrocknete Gojibeeren
1 Scheibe frischer Ingwer
5 g Dang Shen (Glockenwindenwurzel)*
6 g Huang Qi (Astragaluswurzel)*
12 g Shan Yao (Yamswurzel)*
3 g Ren Shen (Ginseng)*
3 Wacholderbeeren
3 Pimentkörner
3 Gewürznelken
1 kleines Stück Zimtrinde
3 Pfefferkörner
1 Lorbeerblatt
1 Stück Jiang Huang
(frische Kurkumawurzel)*
Salz
4 l kaltes Wasser
Tamari oder Sojasauce
zum Abschmecken

Gemüse, Petersilie, Fleisch und Knochen waschen. Alle Zutaten – außer Tamari oder Sojasauce – im Wasser ansetzen. Einmal aufkochen lassen, dann die Hitze reduzieren. Auf kleiner Flamme insgesamt mindestens 4–6 Stunden auskochen. Nach Ende der Kochzeit alles abseihen. Mit Sojasauce oder Tamari abschmecken.

Das Fleisch ist nach so langer Kochzeit ausgekocht, die Energie ist in die Suppenessenz übergegangen.

Tipp Als Einlage für die heiße Kraftsuppe eignet sich frisch gegartes Gemüse (z. B. Mangoldstreifen, Sojasprossen, Erbsen, Karottenstifte etc.). Auch Suppeneinlagen wie Getreide, Nockerln oder Knödel passen hervorragend.

Info
Diese Kraftsuppe ist sehr wärmend und baut das Qi auf. Vorsicht ist geboten bei Hitzesymptomen wie z. B. Unruhe, Wallungen o. Ä. Außerdem sollte die Suppe nicht am Abend gegessen werden, da die große Yang-Energie zu Schlafstörungen führen kann.

*Chinesische Heilkräuter gibt es in Apotheken, die auf Traditionelle Chinesische Medizin (TCM) spezialisiert sind. Mehr Infos dazu auch auf S. 20.

Herzhafte Lammkraftsuppe
mit Zitrone und Hildegard-Gewürzen

Karotten schälen und in Scheiben schneiden. Fenchel waschen und in feine Streifen schneiden. Lammfleisch in mundgerechte Würfel schneiden.
Etwas Öl erhitzen und den Fenchel kurz darin andünsten. Fleisch beifügen und mit Suppe aufgießen. Bohnenkraut und Thymian dazugeben und auf kleiner Flamme rund 1 Stunde kochen. Karotten beifügen und weitere 15 Minuten kochen. Anschließend die weich gekochten Bohnen beifügen und weitere 5–10 Minuten garen. Mit Ysop, Galgant, Quendel und Salz würzen und Zitronensaft und -abrieb aromatisieren. Kurz vor dem Anrichten Knoblauch und frische Petersilie beifügen. Heiß servieren.

Tipp Diese Suppe stärkt unsere Nierenkraft und wärmt. Die Gewürze Ysop, Galgant und Quendel aus der Heilküche der Hildegard von Bingen stärken Herz, Leber, Lunge und Verdauung.

4 Portionen

2 Karotten
1 Fenchelknolle
300 g Bio-Lammfleisch
Sonnenblumenöl
1 l nährstoffreiche Gemüsekraftsuppe (S. 78) oder Lammknochenkraftsuppe (S. 28)
2 Zweige Bohnenkraut
2 Zweige Zitronenthymian
400 g gekochte Wachtelbohnen
½ TL Ysop
1 TL Galgant
1 TL Quendel
Salz
Saft und Abrieb von ½ Bio-Zitrone
1 kleine Knoblauchzehe, geschält, fein gehackt
1 Bund Petersilie, fein gehackt

Gemüse-Kräuter-Suppentopf
mit Knoblauchcroûtons

4 Portionen

1 Zwiebel
3 Knoblauchzehen
200 g grüne Bohnen (Fisolen)
2 Karotten
2 Kartoffeln
1 Scheibe Sellerieknolle
100 g Bio-Wurst oder -Speck
1 Scheibe Dinkeltoast
Olivenöl extra vergine
1 l Rinderkraftsuppe (S. 24)
Salz
Pfeffer aus der Mühle
frische Kräuter nach Wahl

Zwiebel und Knoblauch schälen und bis auf 1 Knoblauchzehe alles fein hacken. Grüne Bohnen von Stielansatz und Fäden befreien und in mundgerechte Stücke schneiden. Karotten, Kartoffeln und Sellerie schälen und in Würfel schneiden. Wurst oder Speck ebenfalls in mundgerechte Stücke schneiden. Dinkelbrot in Croûton-Würfelchen schneiden.
Nun etwas Olivenöl in einem Topf erhitzen. Speck oder Wurst beifügen, Zwiebel und gehackten Knoblauch dazugeben und anrösten, die Gemüsewürfel beifügen und alles kurz weiterrösten. Mit Rinderkraftsuppe aufgießen, aufkochen lassen und auf kleiner Flamme langsam garen, bis das Gemüse weich, aber noch bissfest ist. Mit Salz und Pfeffer abschmecken.

In der Zwischenzeit die Brotwürfelchen in einer Pfanne mit heißem Olivenöl und der ganzen Knoblauchzehe anrösten, bis sie knusprig sind. Frische Kräuter waschen und abzupfen.

Die heiße Suppe mit den Knoblauchcroûtons und Kräutern servieren.

Bunter Rüben-Rindsuppen-Topf

4 Portionen

½ Knollensellerie
100 g Rote Rüben
100 g Gelbe Rüben
100 g Karotten
1 Petersilienwurzel
1,5 l kaltes Wasser
500 g Bio-Rindsuppenfleisch
1 Zwiebel
1 Bund Petersilie
1 Lorbeerblatt
3 Wacholderbeeren
Salz und Sojasauce zum Abschmecken
1 Jungzwiebel, fein geschnitten
1 Schuss Walnussöl*

Gemüse waschen und mit der Gemüsebürste putzen.
Wasser zum Kochen bringen und das Rindfleisch, die ganze Zwiebel samt Schale, Knollensellerie, Petersilie und Gewürze darin rund 2 Stunden auf kleiner Flamme weich kochen.
Rote und Gelbe Rüben sowie Karotten schälen und in kleine Würfel schneiden.
Die Suppe abseihen, das Fleisch beiseitestellen.
Rote und Gelbe Rüben sowie Karotten in der Rindsuppe weich kochen, Rindfleisch in mundgerechte Stücke schneiden und dazugeben. Alles nochmals erwärmen, mit Salz und Sojasauce abschmecken. Die Suppe mit Jungzwiebel garnieren, mit Walnussöl beträufeln und heiß servieren.

Info
Rote Rüben können zum heimischen Superfood gezählt werden. Sie wirken u. a. antioxidativ, entgiftend, verdauungsfördernd und positiv auf die Zellgesundheit, stärken Leber und Galle und haben laut TCM einen besonders positiven Einfluss auf unser Herzblut.

*oder ein anderes wertvolles Öl (siehe S. 23)

Scharfe Gulaschsuppe
mit geräuchertem Paprika

4 Portionen

500 g Bio-Rindfleisch
(Wade, Wadschinken, Vorderes o. Ä.)
2 Zwiebeln
3 Knoblauchzehen
1 EL Bio-Schweineschmalz
5 g scharfes geräuchertes Paprikapulver
20 g edelsüßes Paprikapulver
2 EL Tomatenmark
1 Schuss kräftiger Rotwein
1 TL getrockneter Majoran
1 TL gemahlener Kümmel
1,5 l Rinderkraftsuppe (S. 24)
Salz
Pfeffer aus der Mühle
4 festkochende Kartoffeln
1 Schuss Worcestershiresauce
getrocknete Chiliflocken
oder scharfe Tabascosauce
1 Handvoll Petersilie, frisch gehackt

Gulaschfleisch in kleine Würfel schneiden.
Zwiebeln und Knoblauch schälen und fein hacken. Zwiebeln in heißem Schmalz anrösten. Hitze etwas reduzieren und das Paprikapulver beifügen, kurz anrösten, Tomatenmark dazugeben, mit Rotwein ablöschen und alles etwas einkochen. Gehackten Knoblauch, Majoran, Kümmel und Fleisch dazugeben, mit etwas Suppe aufgießen und mit Salz und Pfeffer würzen. Gut durchrühren und auf kleiner Flamme langsam weich dünsten, dabei immer wieder umrühren.
In der Zwischenzeit die Kartoffeln schälen und in Würfel schneiden. Wenn das Fleisch weich ist, die Kartoffelwürfel beifügen und mit der restlichen Suppe aufgießen. Alles ganz weich kochen. Mit Salz, Pfeffer und Worcestershiresauce abschmecken und je nach gewünschter Schärfe noch mit getrockneten Chiliflocken oder Tabascosauce würzen.
Mit Petersilie bestreut heiß servieren.

Info

Chili, Pfeffer und scharfer Paprika sind sehr wärmend. Wer unter Trockenheit oder Hitzezuständen leidet, sollte mit scharfen Gewürzen sehr sparsam umgehen.

Rollgersten-Shiitake-Suppe
mit geräucherten Rippchen

4–6 Portionen

1 kleiner Bund Jungzwiebeln
3 Karotten
3 festkochende Kartoffeln
400 g geräucherte Bio-Schweinerippchen
1,5 l Kraftbrühe (nach Wahl Gemüse-, Schweine- oder Rinderbrühe)
250 g getrocknete Shiitakepilze
1 Lorbeerblatt
150 g Rollgerste
2 Knoblauchzehen, geschält und gehackt
½ Bund Petersilie, gehackt
½ Zweig Dille, gehackt
Salz
Pfeffer aus der Mühle

Jungzwiebeln putzen und in Ringe schneiden. Karotten waschen und grob raspeln. Kartoffeln schälen und in Würfel schneiden. Schweinerippchen in kleine Stücke aufschneiden.
Die Kraftbrühe erhitzen, Pilze, Lorbeerblatt, geräucherte Rippchen und Rollgerste dazugeben und alles fast weich köcheln. Gegen Ende der Garzeit Karotten, Knoblauch und Kartoffelwürfelchen dazugeben und weiterkochen, bis alles weich ist.
Das Lorbeerblatt entfernen, die Suppe salzen, pfeffern und mit Petersilie und Dille betreuen. Mit je einem Stück Rippchen servieren.

Steirische Klachlsuppe
mit gekochtem Buchweizen

4–6 Portionen

1 Scheibe Sellerieknolle
1 Karotte
1 Gelbe Rübe
1 Petersilienwurzel
1 kg Bio-Schweinefüße
½ Stange Lauch
1 Lorbeerblatt
4 Wacholderbeeren
5 Pfefferkörner
1 Schuss Weißweinessig
2,2 l kaltes Wasser
100 g Buchweizen
2 EL saure Sahne (Sauerrahm)
2 EL Mehl
1 Knoblauchzehe
Salz
Pfeffer aus der Mühle
1 Handvoll frischer Majoran

Das Wurzelgemüse putzen. Die Schweinefüße waschen und mit Wurzelgemüse, Lauch, Gewürzen und Essig in etwa 2 l Wasser rund 2–3 Stunden weich kochen.
Wenn sich das Fleisch von den Schweinefüßen leicht ablösen lässt, sind diese weich gekocht. Fleisch von den Knochen lösen, in kleine mundgerechte Stücke schneiden und beiseitestellen.
Die Suppe abseihen. In der Zwischenzeit den Buchweizen heiß abwaschen und in einer Pfanne ohne Fett kurz trocken rösten.
In 200 ml kaltem Wasser aufsetzen, aufkochen lassen. Dann die Hitze reduzieren und den Buchweizen weich dünsten (wie beim Reiskochen nicht umrühren).
Die saure Sahne mit Mehl glatt rühren. Etwas heiße Suppe dazugeben und mit dem Schneebesen durchrühren, sodass sich keine Klumpen bilden. Nun nach und nach die Suppe einrühren, kurz aufkochen lassen.
Knoblauch schälen, ganz fein hacken und zur Suppe geben.
Majoranblätter abzupfen und hacken. Suppe mit Salz, Pfeffer und frischem Majoran abschmecken.
Die geschnittenen Schweinefüße wieder in die Suppe geben, kurz erhitzen. Mit dem gekochten Buchweizen heiß servieren.

Info
Buchweizen ist ein besonders hochwertiges Lebensmittel, das zur Familie der Knöterichgewächse gehört. Er liefert hochwertiges Eiweiß, senkt Blutdruck und Blutzuckerspiegel, hilft gegen Krampfadern, reguliert den Cholesterinspiegel und enthält eine ganze Menge Vitalstoffe.

Wärmender Chili-Rinder-Eintopf
mit Mais, Paprika und Kräutertrilogie

Paprika und Fenchel waschen und klein schneiden. Fleisch in Würfel schneiden. Chili entkernen und klein hacken. Knoblauch und Schalotten schälen und fein hacken.
Knoblauch, Schalotten, Fenchel, Paprika und Chili in etwas Olivenöl ansautieren. Die Fleischstücke dazugeben und alles so lange braten, bis die Zutaten etwas gebräunt sind. Paprizieren und leicht durchrösten. Kümmel und Tomatenmark beifügen, kurz weiterrösten und mit Rinderkraftsuppe aufgießen.
Majoran und Lorbeerblatt beifügen und auf kleiner Flamme rund 90 Minuten weich dünsten.
Kurz vor Ende der Garzeit die gegarten Maiskörner beifügen und mit Salz und Pfeffer abschmecken.
In der Zwischenzeit Koriander, Petersilie und Schnittlauch fein hacken. Den fertig gekochten Eintopf damit bestreuen und heiß servieren.

4 Portionen

1 roter Paprika
1 Fenchelknolle
300 g Bio-Rindsgulaschfleisch
1 Chili
1 Knoblauchzehe
3 Schalotten
Olivenöl extra vergine
1 EL Rosenpaprikapulver
1 TL gemahlener Kümmel
1 EL Tomatenmark
500 ml l Rinderkraftsuppe (S. 24)
1 TL Majoran
1 Lorbeerblatt
200 g Maiskörner aus dem Glas
Salz
Pfeffer aus der Mühle
½ Bund Koriandergrün
½ Bund Petersilie
½ Bund Schnittlauch

Scharfer Bohneneintopf
mit Speck, Melanzani und Ajvar

4 Portionen

1 rote Zwiebel
3 Knoblauchzehen
1 roter Paprika
1 gelber Paprika
1 Aubergine (Melanzani)
1 scharfer Pfefferoni
150 g geräucherter Bio-Bauchspeck
Olivenöl extra vergine
2 EL Tomatenmark
1 Schuss Rotwein
300 ml Rinderkraftsuppe (z. B. S. 24)
1 Lorbeerblatt
500 g gekochte Bohnen
4 EL Ajvar*
1 EL getrocknetes Bohnenkraut
Salz
Pfeffer aus der Mühle
1 Jungzwiebel, in feinen Ringen

Zwiebel und Knoblauch schälen und fein hacken. Paprika und Aubergine waschen. Paprika und Pfefferoni von Kernen, Stiel und Seitenwänden befreien. In kleine Stücke schneiden. Aubergine in Würfelchen schneiden.
Speck in Würfel schneiden und in etwas Olivenöl anbraten. Zwiebel und Knoblauch dazugeben, leicht anbräunen lassen. Paprika und Aubergine beifügen und rösten, Tomatenmark einrühren und kurz mitbraten. Mit Rotwein und Rinderkraftsuppe aufgießen, Lorbeerblatt dazugeben. Auf kleiner Flamme köcheln lassen, bis das Gemüse fast gar ist.
Dann gekochte Bohnen und Ajvar einrühren, Bohnenkraut dazugeben. Weitere 10 Minuten köcheln lassen.
Lorbeerblatt entfernen. Eintopf mit Salz und Pfeffer abschmecken und mit Jungzwiebelringen bestreut servieren.

Tipp Dazu passt getoastetes Schwarzbrot.

*Ajvar ist eine Gemüsepaste aus rotem Paprika und Auberginen, die man in türkischen und orientalischen Lebensmittelgeschäften erhält.

Orientalischer Zucchini-Lamm-Eintopf

4 Portionen

100 g getrocknete Kichererbsen (alternativ 200 g gekochte Kichererbsen aus der Dose)
1 kg ausgelöste Bio-Lammschulter
1 weiße Zwiebel
2 Knoblauchzehen
1 mittelgroße Zucchini
2 Karotten
Olivenöl extra vergine
1 TL Kreuzkümmel
1 Prise Piment
1 Prise Zimt
ein paar Safranfäden
Saft von 1 Orange
250 ml Lammknochensuppe (S. 28)*
Salz
Pfeffer aus der Mühle
1 Bund Petersilie, gehackt

Kichererbsen über Nacht in reichlich Wasser einweichen und am nächsten Tag rund 1 Stunde weich kochen (alternativ können Sie auch vorgegarte Kichererbsen aus Glas oder Dose verwenden).
Lammfleisch in mundgerechte Würfel schneiden. Zwiebel und Knoblauch schälen und fein hacken. Zucchini waschen, Stielansätze wegschneiden. Karotten schälen, Enden abschneiden. Karotten und Zucchini in Scheiben schneiden.
Olivenöl in einem Topf oder Bräter erhitzen, Zwiebel und Knoblauch darin anrösten. Die Gewürze dazugeben und mitrösten, bis sie duften.
Dann das Lammfleisch beifügen und mit dem Saft der Orange und der Lammknochensuppe aufgießen. Mit Salz und Pfeffer würzen, Karotten und Zucchini beifügen und mit geschlossenem Deckel auf kleiner Flamme oder im Backofen bei maximal 180 °C rund 1 Stunde weich dünsten.
Am Ende der Garzeit die gekochten Kichererbsen dazugeben und nochmals einige Minuten weiterdünsten.
Mit Salz und Pfeffer abschmecken und mit Petersilie bestreut servieren.

Tipp Dazu passt Basmatireis.

*Wenn Sie keine Lammknochensuppe zu Hause haben, können Sie zum Beispiel auch nährstoffreiche Gemüsekraftsuppe (S.78) verwenden.

Lammeintopf
mit Grünkohl

4 Portionen

1 Zwiebel
3 Knoblauchzehen
800 g Bio-Lammschulter
½ Grünkohlkopf
300 g festkochende Kartoffeln
3 EL Olivenöl extra vergine
1 EL gemahlener Kümmel
1 l Kraftsuppe (Rind-, Lammknochen- oder Gemüsekraftsuppe)
1 TL getrockneter Thymian
1 Prise Muskat
Salz
Pfeffer aus der Mühle

Zwiebel und Knoblauch schälen und fein hacken.
Die Lammschulter in mundgerechte Würfel schneiden.
Den Mittelstrunk des Kohlkopfes entfernen, Kohl feinnudelig schneiden.
Kartoffeln schälen und in Scheiben oder Würfelchen schneiden.
Öl in einem gusseisernen Topf erhitzen, Zwiebel und Knoblauch darin anbraten. Fleisch dazugeben, anrösten, gemahlenen Kümmel beifügen, kurz mitrösten und mit Suppe aufgießen. Thymian und Kohl dazugeben und alles auf kleiner Flamme mindestens 1 Stunde dünsten. Anschließend die Kartoffelscheiben dazugeben und weiterdünsten, bis alles weich ist.
Mit Salz, Pfeffer und Muskat abschmecken.

Mildes Chili vom Kalb
mit Koriander

Zwiebeln und Knoblauch schälen, fein hacken und in einem großen Topf mit Olivenöl anbraten. Das Fleisch in kleine Würfelchen schneiden und dazugeben.
Paprika von Stiel und Kernen befreien, ebenfalls in Würfelchen schneiden und beifügen. Tomatenmark, Paprikapulver und Kreuzkümmel dazugeben und alles kurz rösten – Vorsicht, dass nichts anbrennt.
Mit Kraftsuppe aufgießen, Lorbeerblatt beifügen und das Fleisch auf kleiner Flamme weich dämpfen. Kurz vor Ende der Garzeit Mais und Bohnen dazugeben, Suppe noch etwas weiterkochen lassen.
Dann das Lorbeerblatt entfernen. Das Chili mit Salz, Pfeffer, Vollrohrzucker und Limettensaft abschmecken und mit Koriander bestreut servieren.

4 Portionen

2 Zwiebeln
1 Knoblauchzehe
Olivenöl extra vergine
1 kg Bio-Kalbfleisch
1 roter Paprika
1 gelber Paprika
1 grüner Paprika
2 EL Tomatenmark
2 EL edelsüßes Paprikapulver
1 TL Kreuzkümmel
etwas Rinderkraftsuppe (S. 24) oder Knochenkraftsuppe (S. 26) zum Aufgießen
1 Lorbeerblatt
200 g gekochter Mais (aus Dose oder Glas)
200 g Indianerbohnen (aus Dose oder Glas)
Salz
Pfeffer aus der Mühle
1 Prise Vollrohrzucker
1 Spritzer Limettensaft
1 Bund Koriander, frisch gehackt

Herbstlicher Reheintopf
mit Maroni

4 Portionen

400 g Rehschnitzelfleisch
Salz
Pfeffer aus der Mühle
1 Zwiebel
3 mittelgroße Karotten
100 g Knollensellerie
2 mittelgroße Pastinaken
2 EL Butter
etwas Öl
150 g vorgegarte Esskastanien (Maroni)
250 ml trockener Rotwein
500 ml nährstoffreiche Gemüsekraftsuppe (S. 78) oder Wildkraftbrühe (S. 27)
2 Lorbeerblätter
4 Wacholderbeeren
1 TL gemahlener Piment
1 Bund Petersilie

Das Fleisch in mundgerechte Würfel schneiden.
Mit Salz und Pfeffer würzen.
Zwiebel schälen und fein hacken. Karotten, Sellerie und Pastinaken schälen und in kleine Scheibchen schneiden.
1 EL Butter und Öl in der Pfanne erhitzen und Zwiebel darin andünsten. Fleisch beifügen und anbraten.
Nun das Gemüse und ein Viertel der Esskastanien dazugeben, kurz mitrösten und mit dem Rotwein aufgießen.
Etwas köcheln lassen, dann mit der Suppe aufgießen.
Lorbeerblätter und Gewürze beifügen und auf kleiner Flamme mindestens 1–1,5 Stunden weich dünsten.
In der Zwischenzeit die Petersilie fein hacken.
Kurz vor Ende der Garzeit die restlichen Esskastanien in die Suppe geben und alles noch einmal kurz aufkochen.
Das Lorbeerblatt entfernen.
Mit Salz und Pfeffer abschmecken, noch 1 EL Butter einrühren und Petersilie daruntermischen.

Hühnerkraftsuppenfond

6–8 Portionen

1 Karotte
3 Stangen Staudensellerie
1 kg Bio-Hühnerkarkassen und -innereien (Knochen, Flügel, Hals, Magen, Herz usw.)
2 Schalotten, ungeschält
1 Lorbeerblatt
3 Wacholderbeeren
5 Pfefferkörner
1 Handvoll Petersilie
1 Handvoll Liebstöckel
3 l kaltes Wasser

Das Gemüse waschen und ungeschält grob zerkleinern.
Mit allen anderen Zutaten im kalten Wasser ansetzen, aufkochen lassen. Hitze reduzieren und alles auf kleiner Flamme mindestens 2–4 Stunden auskochen, gerne länger (wenn zu viel Wasser verdampft, wieder etwas Wasser nachfüllen).
Die Suppe abseihen und je nach Bedarf weiterverwenden (z. B. einfrieren oder im heißen Wasserdampf in Schraubgläser füllen und kühl und dunkel lagern).

Tipp Diesen Hühnerkraftsuppenfond können Sie für die Vorratskammer produzieren und bei Bedarf für Suppen, Ragouts oder Risottos verwenden. Wenn Sie für ein Hühnergericht z. B. ein ganzes Huhn kaufen, aber nur Brust und Keulen benötigen, lassen sich die „Reste" wie Innereien, Rücken oder Flügel so wunderbar verwerten.

Yin- und Blut-nährende Hühnerkraftsuppe

8–10 Portionen

4 l kaltes Wasser
1 Bio-Suppenhuhn
1 Stange Staudensellerie
2 Pastinaken
2 Karotten
1 Petersilienwurzel
1 Bund Petersilie
5 g schwarzer Sesam
20 g Gojibeeren*
6 g Rhemannia-Wurzel*
1 Handvoll Weizenkörner
6 g chinesische Angelikawurzel*
etwas Sojasauce
1 Spritzer Zitronensaft
1 Handvoll schwarzer Sesam zum Bestreuen

Huhn und Gemüse waschen bzw. mit einer Gemüsebürste säubern.
Alle Zutaten außer Angelikawurzel, Sojasauce, Zitronensaft und Sesam in kaltem Wasser ansetzen und zum Kochen bringen. Rund 4–6 Stunden auf kleiner Flamme simmern lassen.
Nach rund 1,5 Stunden so viel Fleisch vom Huhn auslösen, wie man anschließend in der Suppe essen möchte, den Rest des Huhns und die Knochen wieder zurück in den Topf geben und weiterkochen. 30 Minuten vor Ende der Kochzeit auch die Angelikawurzel in die Suppe geben.
Die Suppe abseihen und mit Sojasauce sowie 1 Spritzer Zitronensaft abschmecken. Mit schwarzem Sesam bestreut servieren.

Info
Diese Suppe nährt aus Sicht der Traditionellen Chinesischen Medizin Yin und Blut, sie ist vor allem in der Schwangerschaft und nach der Geburt besonders hilfreich. Auch in sehr hitzigen und stressigen Zeiten kann sie uns gute Dienste erweisen und überall dort, wo die Hitze überhandnimmt, gut ausgleichen. Wer allerdings unter zu viel Feuchtigkeit leidet (z. B. weichem Stuhl, Schleim etc.), sollte diese Suppe nicht essen.

*Diese TCM-Kräuter bekommt man in darauf spezialisierten Apotheken. Gojibeeren sind auch in Supermärkten und Reformhäusern erhältlich. Mehr Infos dazu finden Sie auf S. 20.

Chinesische Hühnerkraftsuppe

4–6 Portionen

2 Karotten
2 Gelbe Rüben
½ Sellerieknolle
1 Petersilienwurzel
1 Stange Lauch
1 Bio-Suppenhuhn
1 Handvoll rote chinesische Datteln aus der Apotheke
1 Handvoll getrocknete Gojibeeren
1 dicke Scheibe frischer Ingwer
3 Wacholderbeeren
3 Pimentkörner
3 Gewürznelken
3 Pfefferkörner
1 Lorbeerblatt
1 Bund Petersilie
1 Zweig frischer Thymian
etwas Salz
2 l kaltes Wasser
Tamari oder Sojasauce zum Abschmecken

Gemüse und Huhn waschen. Das Huhn zerlegen.
Alle Zutaten – außer Tamari oder Sojasauce – im kalten Wasser ansetzen. Einmal aufkochen lassen, die Hitze reduzieren.
Nach 1 Stunde Kochzeit einen Teil der Brust- und Keulenstücke auslösen. Das fertig gegarte Fleisch in Würfelchen schneiden und beiseitestellen, den Rest wieder zurück in den Suppentopf geben und auf kleiner Flamme insgesamt 3–6 Stunden auskochen.
Nach Ende der Kochzeit alles abseihen. Mit Sojasauce und Tamari abschmecken.

Tipp Optional können Sie dieser Suppe weitere chinesische Suppenkräuter aus der TCM-Apotheke beifügen (siehe auch ab S. 20). Als Suppeneinlage passt frisches Gemüse Ihrer Wahl (z. B. Mangoldstreifen, Sojasprossen, Erbsen, Karottenstifte etc.) – am besten kochen Sie es gleich in der Suppe weich.

–

Wirkt vorbeugend zur Stärkung der Immunkraft und aufbauend nach ausgestandener Krankheit.

Chinesische Wachtelsuppe
mit Pilzen

4–6 Portionen

2 l kaltes Wasser
1 Jungzwiebel
1 kleiner Bund Petersilie
1 kleines Stück Ingwer
3 Bio-Wachteln
2 Karotten
1 dicke Scheibe Knollensellerie
5 schwarze Pfefferkörner
1 Handvoll Gojibeeren
Sojasauce oder Tamari
1 Handvoll schwarzer Sesam

Als Suppeneinlage:
2 Jungzwiebeln
2 Karotten
1 Scheibe Sellerieknolle
400 g frische chinesische Pilze (Austernpilze, Shiitake, Morcheln etc.)

Das Wasser für die Suppe erhitzen. Jungzwiebel, Petersilie, Ingwer, Wachteln, Karotten und Selleriescheibe ins heiße Wasser geben. Pfefferkörner und Gojibeeren beifügen und alles auf ganz kleiner Flamme rund 1 Stunde kochen.

In der Zwischenzeit die Jungzwiebeln für die Suppeneinlage putzen und in schräge Ringe schneiden. Karotten und Sellerie schälen und in kleine Stifte schneiden.
Pilze putzen, holzige Stiele entfernen. Pilze in mundgerechte Streifen schneiden.
Das geschnittene Gemüse für die Suppenlage beiseitestellen.

Die Suppe abseihen, das Fleisch von den Knochen lösen und ebenfalls beiseitestellen.

Die Zutaten für die Einlage in der heißen Suppe gar sieden. Mit Sojasauce oder Tamari abschmecken, das ausgelöste Wachtelfleisch in die Suppe geben und nochmals erwärmen. Mit schwarzem Sesam bestreut heiß servieren.

Tipp Diese Suppe stärkt Magen, Milz, Lunge und Dickdarm sowie Leber und Niere. Sie hilft beim Blutaufbau, leitet Feuchtigkeit aus dem Körper und wärmt uns.

Gelbwurz-Hühner-Suppe
mit Reis, Karotten und Chinakohl

Wasser aufstellen und die Hühnerkarkasse gemeinsam mit der Ingwerscheibe mindestens 2 Stunden auskochen.
Karotten schälen und grob reiben. Chinakohlblätter in dünne Streifen schneiden. Zwiebel schälen und fein hacken. Hühnerbrust in Würfel schneiden.
Nach der Kochzeit die Suppe abseihen.
Zwiebel in etwas Kokosöl ansautieren und mit der Suppe aufgießen. Nun den Reis in der Suppe weich kochen.
Dann Hühnerwürfel, geraspelte Karotten und Chinakohl ebenfalls dazugeben und mitgaren.
Suppe mit Kurkuma würzen und mit Tamari oder Sojausauce abschmecken.

4 Portionen

1 l kaltes Wasser
1 Bio-Hühnerkarkasse
(Rücken, Magen, Hals etc.)
und 1 Bio-Hühnerbrust
1 dicke Scheibe Ingwer
2 Karotten
2 Chinakohlblätter
1 Zwiebel
1 EL Kokosöl
½ Tasse Basmatireis
3 TL gemahlene Kurkuma (Gelbwurz)
1 Schuss Tamari oder Sojasauce

Hildegards Gute-Laune-Hühnersuppe

6–8 Portionen

1 Bio-Suppenhuhn
3 Karotten
1 Petersilienwurzel
½ Sellerieknolle
1 Fenchelknolle
3 l kaltes Wasser
1 Bund Petersilie
2 TL Ysop
1 TL Galgant
1 TL Bertram
1 TL Quendel
Salz
500 g Dinkel-Vollkornsuppennudeln

Das Huhn waschen. Karotten, Petersilienwurzel und Sellerie schälen. Fenchel waschen, Strunk entfernen und in mundgerechte Stücke schneiden.
Wasser in einen Suppentopf füllen und Huhn, Gemüse, ½ Bund Petersilie, Gewürze und Salz beifügen. Einmal aufkochen lassen, anschließend die Hitze reduzieren und auf kleiner Flamme rund 2–3 Stunden kochen.
Das Fleisch von den Knochen lösen. Fleisch und Wurzelgemüse in mundgerechte Stücke schneiden. Petersilie waschen und fein hacken.

Die Dinkelnudeln weich kochen und die heiße Suppe mit Nudeln, Gemüse und Fleischstücken anrichten. Mit Petersilie bestreut servieren.

Info

„Huhn erquickt die Kranken", sagte schon Hildegard von Bingen. Mit den heilsamen Gewürzen, dem wärmenden und verdauungsfördernden Fenchel und den Dinkelnudeln wirkt diese Hühnersuppe stimmungsaufhellend und nährend.

Asia-Reisnudeltopf
mit Huhn, Pilzen und Spinat

4 Portionen

100 g Reisnudeln
250 g Shiitakepilze und/oder Champignons und/oder Austernpilze
1 Hühnerbrust
250 g Chinakohl
1 grüner Chili
1 l Hühnerkraftsuppenfond (S. 50) oder chinesische Hühnerkraftsuppe (S. 52)
2 Scheiben Ingwer
Saft von ½ Limette
50 g Mungbohnensprossen
2 Jungzwiebeln
etwas Sojasauce
1 Schuss geröstetes Sesamöl
1 Zweig frische Minze, Blätter abgezupft

Reisnudeln in warmem Wasser einweichen, bis sie bissfest sind (das dauert etwa 10–30 Minuten – achten Sie auf die Packungsanleitung).
Pilze putzen und klein schneiden. Hühnerfleisch in Würfel schneiden. Chinakohl in mundgerechte Stücke schneiden. Chili von Kernen befreien und in Ringe schneiden.
Hühnerkraftsuppenfond aufkochen, Ingwer, Hühnerfleisch, Pilze und Limettensaft beifügen. Auf kleiner Flamme rund 10 Minuten leise sieden lassen.
Dann Chinakohl beifügen. Weitere 3 Minuten köcheln, bis der Chinakohl gar, aber noch bissfest ist. Jungzwiebeln in Ringe schneiden. Dann Mungbohnenprossen, Jungzwiebeln und Chili in die heiße Suppe einlegen und mit Sojasauce abschmecken.
Die Suppe mit Sesamöl beträufeln, mit frischer Minze dekorieren und heiß servieren.

Erdnuss-Hühner-Curry
mit Kokos und Süßkartoffeln

4 Portionen

300 g Bio-Hühnerfleisch, in Würfel geschnitten
120 g Erdnüsse, geschält und gehackt
250 ml Kokosmilch
1 kleine Zwiebel, geschält und gehackt
2 Knoblauchzehen, geschält und gehackt
2 cm Ingwer, geschält und fein gehackt
200 g Tomaten, in Würfel geschnitten
250 ml Hühnerkraftsuppenfond (S. 50)
300 g Süßkartoffeln, geschält und in Würfel geschnitten
Saft von ½ Zitrone
Sojasauce oder Salz
1 Jungzwiebel, gewaschen und in feine Röllchen geschnitten

Für die Marinade:
1 TL gemahlene Kurkuma (Gelbwurz)
2 TL gemahlene Koriandersamen
¼ TL Kardamom
2 TL Sesamöl
1 TL Honig
etwas Worcestershiresauce

Alle Zutaten für die Marinade vermengen und das Hühnerfleisch darin mindestens 1 Stunde marinieren.

Die Erdnüsse in einer Pfanne trocken (ohne Öl) rösten.
Den festen Teil der Kokosmilch in der Pfanne schmelzen, Zwiebel, Knoblauch und Ingwer darin anbraten. Tomaten beifügen, weiterrösten.
Erdnüsse, die restliche Kokosmilch und Suppe dazugeben, etwas köcheln lassen. Süßkartoffeln und dann das marinierte Huhn beifügen. Alles langsam weich dünsten. Mit Zitronensaft, Sojasauce oder Salz abschmecken.
Mit Jungzwiebeln bestreut servieren.

Charlys Rotwein-Hühner-Gulasch
mit Bratpaprika

Hühnerfleisch in mundgerechte Würfel schneiden.
Mit Salz und Pfeffer würzen.
Zwiebeln und Knoblauch schälen und fein hacken. Paprika von Kernen und Seitenwänden befreien. Petersilie waschen und fein hacken.
Zwiebeln und Knoblauch in Olivenöl anrösten, bis sie leicht gebräunt sind. Kümmel und Paprikapulver beifügen und mitbraten. Etwas Tomatenmark beifügen und alles gut durchrösten.
Mit Rotwein und Suppe ablöschen. Das Fleisch dazugeben und köcheln lassen.
Saure Sahne und Sahne verrühren und zum Fleisch geben, Majoran beifügen. Alles weich dünsten.
Paprika in Streifen schneiden und in Olivenöl braten. Gehackte Petersilie beifügen und mitbraten.
Das Rotwein-Hühner-Gulasch in tiefen Tellern anrichten, mit den gebratenen Paprika und der gerösteten Petersilie bestreuen und heiß servieren.

4 Portionen

750 g Bio-Hühnerfleisch von den Oberkeulen
Salz
Pfeffer aus der Mühle
2 Zwiebeln
4 Knoblauchzehen
2 rote Paprika
½ Bund Petersilie
2 TL Kümmel im Ganzen
1 TL mildes Rosenpaprikapulver
2 TL geräuchertes spanisches Paprikapulver
1 Klecks Tomatenmark
1 Schuss Rotwein
200 ml Hühnerkraftsuppenfond (S. 50)
3 EL saure Sahne (Sauerrahm)
100 ml Sahne (Obers)
2 TL getrockneter Majoran
Olivenöl extra vergine

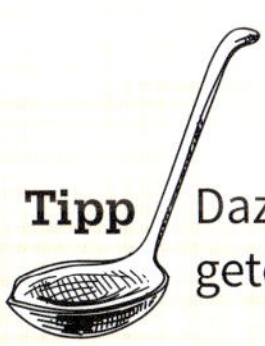

Tipp Dazu passen Dinkel-Spätzle oder getoastetes Dinkelbrot.

Puten-Ratatouille

4 Portionen

400 g Bio-Putenfleisch
2 Zwiebeln
4 Knoblauchzehen
1 Zucchini
1 gelber Paprika
1 Aubergine (Melanzani)
5–6 sonnengereifte Tomaten
(ersatzweise aus Dose oder Glas)
2 Lorbeerblätter
1 Zweig Rosmarin
1 Zweig Salbei
Olivenöl extra vergine
2 EL Salzkapern
Salz
Pfeffer aus der Mühle
1 Handvoll Petersilie, gehackt

Backofen auf 185 °C vorheizen.
Putenfleisch von Sehen befreien und in mundgerechte Würfel oder Streifen schneiden.
Zwiebeln und Knoblauch schälen und fein hacken.
Das Gemüse waschen, Stielansätze und Kerne entfernen. In mundgerechte Stücke schneiden. Rosmarin und Salbei waschen, abzupfen und zerkleinern.
Zwiebel und Knoblauch im Olivenöl in einem Bräter ansautieren. Zucchini, Aubergine, Paprika und Putenfleisch dazugeben und mitrösten.
Dann Tomaten, Kapern, Lorbeerblätter und die zerkleinerten Kräuter ebenfalls in den Bräter geben.
Alles mit Olivenöl beträufeln und im Backofen rund 30–40 Minuten schmoren.
Das Lorbeerblatt entfernen. Mit Salz und Pfeffer abschmecken.
Mit frischer Petersilie bestreut servieren.

Putengulasch
mit Kürbis

4 Portionen

1 Zwiebel
2 Knoblauchzehen
400 g Kürbisfleisch (ohne Schale)
400 g Bio-Putenfleisch
Olivenöl extra vergine
2 EL edelsüßes Paprikapulver
1 Klecks Tomatenmark
400 ml Hühnerkraftsuppenfond (S. 50)
½ TL gemahlener Kümmel
1 TL getrockneter Majoran
1 EL Dinkelmehl
100 g saure Sahne (Sauerrahm)
Salz
Pfeffer aus der Mühle
1 Spritzer Essig
1 Bund Petersilie, frisch gehackt

Zwiebel und Knoblauch schälen und fein hacken. Kürbisfleisch in Würfelchen schneiden. Putenfleisch von Sehnen befreien und in mundgerechte Stücke schneiden.
Knoblauch und Zwiebel in Olivenöl ansautieren. Putenfleisch dazugeben, Paprikapulver beifügen und kurz anrösten. Tomatenmark dazugeben und alles mit Hühnerkraftsuppenfond aufgießen.
Kürbis beimengen, mit Kümmel und Majoran würzen und auf kleiner Flamme weich dünsten.
Gegen Ende der Kochzeit das Mehl mit der sauren Sahne verrühren und etwas Gulaschsaft daruntermischen.
Dann die Dinkelmehl-Sahne-Sauce langsam in das Putengulasch einrühren und mit einem Schneebesen verquirlen, sodass sich keine Klumpen bilden.
Noch einmal aufkochen und eindicken lassen. Mit Salz, Pfeffer und Essig abschmecken und mit Petersilie bestreut servieren.

Tipp Dazu passt Reis.

Fischfond
vom heimischen Fisch

4–6 Portionen

1 kg Karkasse von mageren heimischen Bio-Süßwasserfischen mit weißem Fleisch (Forelle, Saibling, Zander usw.)
2 Stangen Staudensellerie
½ Stange Lauch
½ Fenchelknolle
1 Petersilienwurzel
1 weiße Zwiebel
Olivenöl extra vergine
300 ml trockener Weißwein
1,5 l kaltes Wasser
1 TL weiße Pfefferkörner
1 Lorbeerblatt
Saft von 1 Zitrone

Karkassen waschen, Kiemen entfernen. Gemüse putzen. Zwiebel mit Schale sowie Gemüse grob zerkleinern. Olivenöl erhitzen, Karkassen zufügen, kurz anschwitzen. Gemüse beimengen und ebenfalls kurz mitrösten. Mit Wein aufgießen und kurz aufkochen lassen. Dann mit dem kalten Wasser aufgießen. Gewürze beifügen, Hitze reduzieren und den Fond rund 30–40 Minuten auf kleiner Flamme simmern lassen. Dann durch ein Mulltuch abseihen, mit etwas Zitronensaft abschmecken und – wenn gewünscht – noch etwas einreduzieren.

Tipp Dieser Fonds lässt sich als Basis für Fischsuppen oder zum Aufgießen für Eintöpfe oder andere Fischgerichte weiterverwenden.

Sauerkrautsuppe
mit Karpfen

Zwiebeln und Knoblauch schälen und fein hacken.
In Olivenöl ansautieren.
Hitze reduzieren, Paprikapulver einstreuen und durchrühren.
Tomatenmark dazugeben, kurz mitrösten. Sauerkraut beifügen.
Mit Suppe aufgießen und mit Kümmel, Wacholderbeeren, Lorbeerblättern, Salz und Pfeffer würzen.
Kartoffeln schälen, in kleine Würfel schneiden und zur Suppe geben.
Die Suppe 35–40 Minuten auf kleiner Flamme köcheln lassen.
Kurz vor Ende der Garzeit den Karpfen in Streifen schneiden, zur simmernden Suppe geben und ein paar Minuten ziehen lassen.
Lorbeerblätter entfernen und Suppe heiß servieren.

4 Portionen

200 g Zwiebeln
4 Knoblauchzehen
Olivenöl extra vergine
2 EL Rosenpaprikapulver
2 EL Tomatenmark
400 g Sauerkraut
1 l Fischfond (S. 66) oder nährstoffreiche Gemüsekraftsuppe (S. 78)
2 TL gemahlener Kümmel
10 Wacholderbeeren
2 Lorbeerblätter
Salz
Pfeffer aus der Mühle
200 g Kartoffeln
400 g Bio-Karpfenfilet

Tipp Sauerkraut ist reich an Vitamin C und gehört zu den Lieblingsspeisen unserer Darmbakterien.

Fischkraftsuppe
mit Lachsforelle

4 Portionen

1 kleine Stange Lauch
2 Knoblauchzehen
2 Kartoffeln
400 g Bio-Lachsforellenfilet
Olivenöl extra vergine
1 EL Tomatenmark
1 l Fischfond (S. 66)
Salz
Pfeffer aus der Mühle
Saft von 1 Zitrone

Lauch waschen, Enden entfernen und in Ringe schneiden. Knoblauch schälen und fein hacken. Kartoffeln schälen und in kleine Würfelchen schneiden. Das Lachsfilet von Haut und Gräten befreien und in mittelgroße Stücke schneiden.
Lauch und Knoblauch in Olivenöl ansautieren, Tomatenmark beifügen und mit Fischfond aufgießen. Kartoffelwürfelchen und Lachsforelle beifügen und in der heißen Suppe gar ziehen lassen.
Mit Salz, Pfeffer und etwas Zitronensaft abschmecken und heiß servieren.

Heimische Fischsuppe
auf französische Art

4–6 Portionen

1 kg Bio-Fischkarkassen (Köpfe, Gräten etc.)
1,5 l kaltes Wasser
3 Karotten
1 Sternanis
1 Lorbeerblatt
5 Pfefferkörner
1 Zweig frischer Zitronenthymian
Meersalz
1 Schluck trockener Weißwein
1 kräftige Prise persischer Safran
1 Zwiebel
4 Knoblauchzehen
2 Kartoffeln
1 Fenchelknolle
2 Tomaten
Olivenöl extra vergine
1 kg heimische Bio-Fischfilets (Forelle, Saibling usw.)
Pfeffer aus der Mühle
1 kleiner Bund Petersilie, gehackt

Die Fischkarkassen mit 1,5 l kaltem Wasser in einen Topf geben und bei schwacher Hitze langsam aufkochen lassen.
1 Karotte, Sternanis, Lorbeer, Pfefferkörner und Thymian beifügen und salzen. Bei schwacher Hitze nicht zugedeckt rund 30 Minuten auskochen.
Dann durch ein Mulltuch abseihen und abermals aufkochen lassen. Weißwein beigeben, den Safran einrühren.
Zwiebel, Knoblauch, Kartoffeln und die restlichen Karotten schälen und in kleine Würfel schneiden. Tomaten waschen, grünen Stielansatz herausschneiden. Tomaten ebenfalls in Würfel schneiden.
Das Gemüse in Olivenöl ansautieren und anschließend im Safran-Fischfond kurz aufkochen.
Die Fischfilets in mittelgroße Stücke schneiden und bei schwacher Hitze rund 5–10 Minuten in der heißen Fischsuppe ziehen, aber nicht kochen lassen.
Mit Salz und Pfeffer abschmecken und mit Petersilie bestreuen.

Tipp Ein geröstetes Dinkelbaguette passt wunderbar zu dieser Fischsuppe.

Info
Fische sind reich an wertvollen Omega-3-Fettsäuren und gehören zu den wenigen Lebensmitteln, die das „Sonnenvitamin“ D enthalten.

Schneller Fischsuppen-Gemüse-Topf
mit Nudeln

Zwiebel und Knoblauch schälen und fein hacken.
Lachs in Würfel schneiden. Pastinake, Petersilienwurzel und Karotte schälen und in mundgerechte Stücke schneiden.
Fenchel waschen und ebenfalls in mundgerechte Stücke schneiden.
Olivenöl erhitzen, Zwiebel und Knoblauch darin ansautieren.
Das restliche Gemüse beifügen und alles mit dem Fischfond aufgießen.
Das Gemüse in der Suppe weich kochen, gegen Ende der Garzeit den Lachs und die Suppennudeln beifügen und so lange garen, bis Fisch und Nudeln gar sind.
Mit Kräutern der Provence, Salz und Pfeffer sowie etwas Zitronensaft und -abrieb abschmecken.

4 Portionen

1 Zwiebel
1 Knoblauchzehe
400 g Bio-Lachsfilet
1 Pastinake
1 Petersilienwurzel
1 Karotte
1 Fenchelknolle
Olivenöl extra vergine
800 ml Fischfond (S. 66)
1 Handvoll Dinkel-Suppennudeln
Kräuter der Provence
Salz
bunter Pfeffer aus der Mühle
Saft und Abrieb von 1 Bio-Zitrone

Zander
mit buntem Gemüse in Krensauce

4 Portionen

400 g Bio-Zanderfilet
3 Karotten
3 Stangen Staudensellerie
1 kleine Stange Lauch
Olivenöl extra vergine
1 Schuss Fischfond (S. 66)
oder nährstoffreiche
Gemüsekraftsuppe (S. 78)
2 EL Butter
2 EL weißes Dinkelmehl
1 Schuss Milch
200 ml Sahne (Obers)
1 Stück Meerrettich (Kren),
frisch gerieben
Salz
Pfeffer aus der Mühle
Saft und Abrieb von 1 Bio-Zitrone
200 g gegarter Mais
200 g Tiefkühlerbsen

Fischfilet von der Haut befreien und in mundgerechte Würfel schneiden.
Karotten schälen, Staudensellerie waschen und beides in mundgerechte Stücke schneiden. Lauch in feine Ringe schneiden und mit Karotten und Sellerie in Olivenöl ansautieren.
Den Fisch dazugeben, mit Fischfond angießen und zugedeckt weich dünsten.
In der Zwischenzeit Butter in einem Topf anschwitzen, Mehl beifügen und anrösten. Mit Milch und Sahne aufgießen und mit Meerrettich unter ständigem Rühren zu einer sämigen Sauce einkochen. Mit Salz, Pfeffer, Schalenabrieb und Saft der Zitrone abschmecken.
Sobald Fisch und Gemüse gar sind, Mais und Tiefkühlerbsen sowie die Meerrettich-Sauce einrühren. Kurz aufkochen, bis die Erbsen gar sind, und mit reichlich Pfeffer bestreut servieren.

Tipp Dazu passen Pellkartoffeln.

Zitroniger Lachstopf
mit Erbsen

4 Portionen

800 g Bio-Lachsfilet
Olivenöl extra vergine
100 ml Fischfond (S. 66)
200 ml Sahne (Obers)
400 g Tiefkühlerbsen
Salz
Pfeffer aus der Mühle
Saft und Abrieb von 2 Bio-Zitronen

Lachs in Würfel schneiden. Fischwürfel in Olivenöl ansautieren und mit Fischfond und Sahne aufgießen. Die Erbsen beifügen und erhitzen, bis alles gar ist.
Mit Salz, Pfeffer, etwas Zitronensaft und -abrieb abschmecken.

Tipp Je nach gewünschter Konsistenz können Sie den Lachstopf cremiger oder suppiger machen – variieren Sie einfach mit der Sahne- und Fischfond-Menge.

Meeresfrüchte-Kartoffel-Eintopf
mit Fenchel und Anisschnaps

4 Portionen

200 g Bio-Miesmuscheln
200 g Bio-Garnelen
200 g gemischte Bio-Fischfilets
200 g festkochende Kartoffeln
60 g Lauch
100 g Staudensellerie
3 Knoblauchzehen
1 Fenchelknolle
½ TL Safranfäden
125 ml trockener Weißwein
Olivenöl extra vergine
400 g Pelati
(geschälte Tomaten aus Dose oder Glas)
4 cl Anisschnaps
2 Lorbeerblätter
2 frische Zweige Thymian
Salz
Pfeffer aus der Mühle
3 Zweige Petersilie, abgezupft

Muscheln bürsten, wässern und beiseitestellen. Garnelen putzen, Därme entfernen. Fischfilets in mundgerechte Stücke schneiden.
Kartoffeln schälen und in kleine Würfel schneiden. Lauch in schräge Streifen schneiden. Staudensellerie waschen, faserige Teile entfernen und in Streifen schneiden. Knoblauch schälen und fein hacken. Fenchel waschen und in kleine Würfel schneiden.
Safran in Weißwein einweichen.
Lauch, Fenchel und Staudensellerie in Olivenöl ansautieren, Kartoffelwürfelchen und Tomaten dazugeben. Mit Safranwein und Anisschnaps aufgießen. Lorbeer, Thymian und gehackten Knoblauch beifügen und auf kleiner Flamme rund 20 Minuten sanft garen lassen.
Dann die Meeresfrüchte und Fischstücke daruntermischen. Den Topf zudecken. Weitere 5–10 Minuten sanft dünsten, bis alles gar ist und sich die Muscheln geöffnet haben (nicht geöffnete Muscheln entfernen).
Lorbeerblätter entfernen. Eintopf mit Salz und Pfeffer aus der Mühle abschmecken und mit 1 Schluck hochwertigem Olivenöl beträufeln.
Mit Petersilie bestreut servieren.

Tipp Mit getoastetem Dinkel-Baguette und einem Glas gutem Weißwein genießen.

Scharfer Karpfen-Paprika-Pot

Karpfenfilet von Haut und Gräten befreien und in mundgerechte Stücke schneiden.
Knoblauch und Zwiebel schälen und fein hacken. Paprika und Chili von Stiel, Kernen und Seitenwänden befreien und klein schneiden. Tomaten waschen und je nach Größe vierteln oder halbieren.
Olivenöl in einem Topf erhitzen, Zwiebel, Knoblauch, Paprikastücke und Chili anrösten. Paprikapulver beifügen, mitrösten, Tomatenmark dazugeben und kurz weiterrösten.
Tomaten und Thymianzweig dazugeben, alles mit Fischfond aufgießen und etwas köcheln lassen.
Die Fischstücke in der Suppe kurz garen, mit Salz und Pfeffer abschmecken und heiß servieren.

4 Portionen

500 g Bio-Karpfenfilet
1 Knoblauchzehe
1 Zwiebel
1 rote Paprika
1 Chili
200 g Eiertomaten
Olivenöl extra vergine
1 EL edelsüßes Paprikapulver
1 TL Tomatenmark
1 Zweig Thymian
700 ml Fischfond (S. 66)
Salz
Pfeffer aus der Mühle

Nährstoffreiche Gemüsekraftsuppe

VEGAN

4–6 Portionen

3 Karotten
1 Gelbe Rübe
1 Petersilienwurzel
1 Scheibe Knollensellerie
3 Stangen Staudensellerie
100 g Champignons
2 Lorbeerblätter
1 kleiner Bund Liebstöckel
1 kleiner Bund Petersilie
1 Zwiebel
2 Knoblauchzehen
Olivenöl extra vergine
1,5 l kaltes Wasser
1 TL Salz
1 TL bunte Pfefferkörner

Gemüse und Kräuter waschen und – außer dem Lorbeerblatt – grob schneiden. Zwiebel und Knoblauch mit Schale vierteln bzw. halbieren.
Olivenöl in einem großen Topf erhitzen, Zwiebel- und Knoblauchstücke sowie Gemüse darin anbraten.
Wasser und die restlichen Zutaten dazugeben und zum Kochen bringen.
Hitze reduzieren. Die Suppe mindestens 2 Stunden simmern lassen (verdunstetes Wasser immer wieder nachfüllen).
Dann abseihen und als Gemüsesuppenbasis für diverse Suppen, Eintöpfe oder andere Gerichte (z. B. Risottos, Ragouts etc.) verwenden.

Tipp Verkochen Sie Ihre Gemüseabschnitte und diverse Reste regelmäßig zu Gemüsesuppen – so haben Sie immer einen Vorrat zu Hause und müssen nicht auf Instantware zurückgreifen.

Wintergemüse-Suppentopf

VEGAN

Zwiebel und Knoblauch schälen und fein hacken. Kartoffeln schälen und in Würfel schneiden.
Pilze säubern und in mundgerechte Stücke schneiden.
Karotten, Rübe und Pastinake schälen oder bürsten und in kleine Würfelchen schneiden. Rosenkohl waschen, große Exemplare halbieren oder vierteln. Lauch von den Wurzeln und verdorrten Teilen befreien und in Ringe schneiden.
Olivenöl erhitzen, Lauch, Zwiebel und Knoblauch ansautieren, das restliche Gemüse beifügen und kurz mitrösten.
Mit Gemüsekraftsuppe aufgießen und alles weich kochen.

Mit Salz und Pfeffer aus der Mühle abschmecken und mit frischer Petersilie bestreut servieren.

4 Portionen

1 Zwiebel
2 Knoblauchzehen
2 Kartoffeln
200 g gemischte Pilze
1 Karotte
1 Gelbe Rübe
1 Pastinake
200 g Rosenkohl (Kohlsprossen)
½ Stange Lauch
Olivenöl extra vergine
1 l nährstoffreiche Gemüsekraftsuppe (S. 78)
Salz
Pfeffer aus der Mühle
1 Bund Petersilie, gehackt

Frühlingskraftsuppe

VEGETARISCH

4–6 Portionen

500 g frische junge Frühlingswildkräuter (z. B. Bärlauch, Gundelrebe, Löwenzahn, Spitzwegerich, Petersilie, Sauerampfer)
1 Klecks Butter
1,5 l nährstoffreiche Gemüsekraftsuppe (S. 78)
Salz
Pfeffer aus der Mühle

Die frischen Kräuter waschen, abzupfen und fein hacken. Butter in einem Topf erhitzen, die Kräuter darin ansautieren. Mit Gemüsekraftsuppe aufgießen und rund 30 Minuten dünsten. Mit Salz und Pfeffer abschmecken und heiß servieren.

Tipp Hart gekochte Eier passen hervorragend zu dieser Suppe.

Info
Frische Wildkräuter versorgen uns im Frühling mit einer Vielzahl an gesunden Vitalstoffen, die zur Entgiftung und Reinigung beitragen.

Scharfes Linsen-Algen-Süppchen mit Zucchini

VEGAN

4–6 Portionen

1 Zwiebel
1 Knoblauchzehe
1 Zucchini
1 frischer scharfer Pfefferoni
1 Schuss Pflanzenöl
800 g vorgegarte braune Linsen aus der Dose samt Wasser
600 ml nährstoffreiche Gemüsekraftsuppe (S. 78)
2 EL Wakame-Algen*
2 EL Misopaste*
Saft von 1 Limette

*Misopaste und Wakame-Algen bekommen Sie im Reformhaus, im Bio-Supermarkt oder im Asialaden.

Zwiebel und Knoblauch schälen und fein hacken. Zucchini waschen und in kleine Würfelchen schneiden. Pfefferoni von Stiel und Kernen befreien und in dünne Ringe schneiden. Gemüse in etwas heißem Öl kurz anschwitzen, mit Linsen, Linsenwasser und Suppe aufgießen. Das Gemüse weich kochen. Kurz vor Ende der Garzeit die Algen beifügen. Sobald diese mit Flüssigkeit vollgesogen sind, den Topf vom Herd nehmen. Misopaste einrühren, alles gut durchrühren und mit 1 Schuss Limettensaft abschmecken.

Roter Kraut-und-Rüben-Krafttopf

VEGAN

Knoblauch und Zwiebel schälen und fein hacken. Rotkohl feinnudelig schneiden, Karotten, Rote Rübe und Sellerie schälen und in mundgerechte Würfel schneiden. Walnüsse grob zerkleinern.
Etwas Olivenöl erhitzen, Zwiebel und Knoblauch darin anbraten. Gemüse beifügen und mit Kümmel, Koriander, Salz und Pfeffer würzen.
Shiitakepilze und Nüsse dazugeben, mit Gemüsekraftsuppe aufgießen, Lorbeer, Wacholderbeeren und Pfefferkörner dazugeben. Rund 1 Stunde leise köcheln lassen.
Kräuter waschen, abzupfen oder fein hacken.
Das Lorbeerblatt entfernen. Die heiße Suppe mit Sojasauce oder Tamari abschmecken und mit frischen Kräutern bestreut servieren.

Tipp Wer Fleisch isst, kann hier auch gerne eine andere Suppe als Basis verwenden, zum Beispiel den Hühnerkraftsuppenfond (S. 50).

4–6 Portionen

2 Knoblauchzehen
1 Zwiebel
½ Rotkohl (Rotkraut)
2 Karotten
1 große Rote Rübe
½ Sellerieknolle
60 g Walnüsse
Olivenöl extra vergine
1 TL gemahlener Kümmel
1 TL gemahlene Koriandersamen
Salz
Pfeffer aus der Mühle
10 g getrocknete Shiitakepilze
1,5 l nährstoffreiche Gemüsekraftsuppe (S. 78)
1 Lorbeerblatt
3 Wacholderbeeren
4 Pfefferkörner
1 Bund frische Kräuter
1 Spritzer Sojasauce oder Tamari

Winterliche Minestrone

VEGETARISCH

6–8 Personen

3 Knoblauchzehen
3 Zwiebeln
250 g Kartoffeln
3 Karotten
2 Stangen Staudensellerie
250 g Wirsing (Kohl)
150 g Kohl (Kraut)
150 g Rosenkohl (Kohlsprossen)
100 g grüne Bohnen (Fisolen)
45 g Butter
2 l nährstoffreiche Gemüsekraftsuppe (S. 78)
1 großes Stück Parmesanrinde
200 g Pelati (geschälte Tomaten aus Dose oder Glas)
Meersalz
250 g gekochte weiße Bohnen
6 EL frisch geriebener Parmesan
Pfeffer aus der Mühle
Olivenöl extra vergine

Knoblauch und Zwiebeln schälen und fein hacken. Kartoffeln und Karotten schälen und in kleine Würfelchen schneiden. Staudensellerie waschen und würfeln.
Die äußeren Blätter von Wirsing und Kohl entfernen, den Rest waschen und nudelig schneiden. Rosenkohl je nach Größe halbieren oder vierteln. Grüne Bohnen waschen, von den Enden und Fäden befreien und in schräge Stücke schneiden.
Zwiebeln und Knoblauch in zerlassener Butter anrösten, Karotten, Sellerie und Kartoffeln beifügen und einige Minuten garen. Dann durchrühren und Wirsing, Kohl, grüne Bohnen und Rosenkohl dazugeben. Einige Minuten weitergaren.
Mit Suppe aufgießen, Käserinde und Tomaten beifügen, salzen. Hitze reduzieren und alles auf ganz kleiner Flamme sieden lassen.
Nach rund 2 Stunden die abgetropften Bohnen dazugeben. Weitere 20 Minuten sieden lassen – die Suppe soll eine dicke Konsistenz erhalten. Vor dem Servieren die Käserinde entfernen, den Parmesan einrühren und kräftig mit Salz, Pfeffer und Olivenöl abschmecken.

Getrüffelte Pilzcremesuppe

VEGETARISCH

Steinpilze in etwas Wasser einlegen. Zwiebel schälen und fein hacken, Pilze putzen und grob schneiden.
Kartoffeln schälen und in Stücke schneiden.
Zwiebel und 500 g gemischte Pilze in Olivenöl anrösten, mit Suppe aufgießen. Eingeweichte Steinpilze und Kartoffeln beifügen und alles weich kochen.
Sahne unterrühren. Alles mit dem Stabmixer pürieren und mit Salz, Pfeffer, Zitronensaft und -abrieb sowie Trüffelöl abschmecken.
Die Pilze für die Einlage in dünne Scheiben schneiden und in etwas Olivenöl knusprig braten.
Die Suppe mit den gebratenen Pilzen servieren und heiß genießen.

4 Portionen

1 Handvoll getrocknete Steinpilze
1 Zwiebel
500 g gemischte Pilze
und 100 g Pilze als Einlage
1–2 Stück Kartoffeln
Olivenöl extra vergine
ca. 1 l nährstoffreiche
Gemüsekraftsuppe (S. 78)
1 Schluck Sahne (Obers)
Salz
Pfeffer aus der Mühle
Saft und Abrieb von 1 Bio-Zitrone
1 Schuss Trüffelöl

Tipp Pilze gehören zu den wenigen Lebensmitteln, die Vitamin D, das im Winter so stark benötige „Sonnenvitamin“, enthalten. Neben fetten Fischen sollten wir daher besonders in der sonnenarmen Zeit reichlich davon verzehren

Kräftige Jungzwiebel-Cremesuppe

VEGETARISCH
VEGAN

4 Portionen

400 g Jungzwiebeln
250 g mehlige Kartoffeln
2 cm frischer Ingwer
1 EL Kokosöl
1 l nährstoffreiche Gemüsekraftsuppe (S. 78)
1 Schuss Sahne (Obers) oder eine pflanzliche Alternative, z. B. Soja Cuisine
Salz
Pfeffer aus der Mühle
2 Scheiben altbackenes Brot
Olivenöl extra vergine

Jungzwiebeln putzen, von Stielansätzen und verdorrten Enden befreien und grob zerkleinern. Kartoffeln schälen und in kleine Stücke schneiden. Ingwer schälen und in Scheiben schneiden. Kokosöl in einem Kochtopf erhitzen, Jungzwiebeln und Ingwer darin ansautieren. Kartoffeln dazugeben und mit der Suppe aufgießen.
Das Gemüse rund 20 Minuten gar kochen, Sahne oder Soja Cuisine beifügen. Mit dem Stabmixer zu einer cremigen Suppe mixen. Mit Salz und Pfeffer kräftig abschmecken.
Altbackenes Brot in Würfel schneiden und in einer Pfanne mit 1 Schuss Olivenöl knusprig braten. Die heiße Suppe damit bestreuen.

Tipp Diese leicht scharfe Suppe stärkt Magen, Lunge und Darm. Sie hilft gegen Erkältung, eine verstopfte Nase und Kältegefühle.

Gretl-Omas Waldviertler Stosuppe

VEGETARISCH

4–6 Portionen

500 g Kartoffeln
1 l kaltes Wasser
1 EL Kümmel im Ganzen
250 ml Buttermilch
250 ml saure Sahne (Sauerrahm)
250 ml Sahne (Obers)
2–3 EL Dinkelmehl
Salz
Pfeffer aus der Mühle

Kartoffeln in der Schale weich kochen.
In der Zwischenzeit das Wasser mit dem Kümmel zum Kochen bringen.
In einem zweiten Topf Buttermilch, saure Sahne und Sahne mit dem Mehl ordentlich verquirlen – je nachdem, ob man die Suppe dicker oder dünner mag, etwas mehr oder weniger Mehl beimischen.
Das kochende Kümmelwasser schöpflöffelweise in die Sahne-Mehl-Mischung einrühren, dabei immer wieder gut durchquirlen bzw. versprudeln, damit nichts gerinnt und sich keine Klumpen bilden. Wenn das ganze Kümmelwasser eingerührt ist, die Suppe nochmals langsam erhitzen und kräftig mit Salz und Pfeffer abschmecken.
Die Kartoffeln schälen und in der heißen Suppe servieren.

Info
Das Rezept dieser gehaltvollen vegetarischen Suppe stammt von meiner Großmutter aus dem österreichischen Waldviertel. Die Suppe wird traditionellerweise an Fasttagen, wie z. B. am Karfreitag, gegessen und am Heiligen Abend als Mittagessen serviert.

Eierschwammerl-Bohnen-Suppe

VEGETARISCH

Pilze putzen und bei Bedarf in mundgerechte Stücke schneiden. Kartoffeln schälen und in Würfel schneiden.
Zwiebel und Knoblauch schälen, fein hacken und in 1 EL heißem Olivenöl anrösten. Pilze und Kartoffeln dazugeben.
Mit Gemüsekraftsuppe aufgießen und etwas getrockneten Majoran beifügen.
Rund 35 Minuten auf kleiner Flamme kochen, bis das Gemüse weich ist. Bohnen beifügen.
Mit dem Pürierstab die Suppe etwas zerkleinern, sodass sie eine dickflüssige Konsistenz erhält, ein Teil der Zutaten aber ganz bleibt.
Mit Salz und Pfeffer würzen und mit einem Klecks saurer Sahne servieren.

4 Portionen

500 g Pfifferlinge (Eierschwammerln)
300 g festkochende Kartoffeln
1 Zwiebel
2 Knoblauchzehen
Olivenöl extra vergine
1 l nährstoffreiche Gemüsekraftsuppe (S. 78)
1 Prise getrockneter Majoran
200 g kleine weiße Bohnen, gekocht (aus Glas oder Dose)
Salz
Pfeffer aus der Mühle
1 Prise getrocknetes Bohnenkraut
1 Prise getrockneter Thymian
1 Klecks saure Sahne (Sauerrahm)

Tipp Dazu passt getoastetes Schwarzbrot.
–
Veganer/inn/en lassen die saure Sahne einfach weg.

Kürbis-Fenchel-Cremesuppe

mit Schwarzbrot-Knoblauch-Croûtons

VEGETARISCH

4 Portionen

200 g Fenchelknolle
2 Schalotten
500 g Butternusskürbis
Olivenöl extra vergine
1 TL gemahlene Koriandersamen
800 ml nährstoffreiche Gemüsekraftsuppe (S. 78)
1 kleiner Schuss Apfelessig
2 EL Dijonsenf
100 ml Sahne (Obers)
Salz
Pfeffer aus der Mühle
2 Scheiben Schwarzbrot
1 Knoblauchzehe, geschält

Fenchel waschen, den Strunk entfernen. Das Fenchelgrün wegschneiden und beiseitelegen. Schalotten schälen und fein hacken. Fenchel grob zerkleinern.
Kürbis schälen, Kerne entfernen. Kürbis in grobe Würfel schneiden.
Olivenöl im Topf erhitzen. Schalotten und Fenchel darin andünsten, Kürbiswürfel und Koriander beifügen.
Mit Suppe aufgießen, Essig dazugeben. Alles weich kochen und dann pürieren. Senf und Sahne beifügen und nochmals durchmixen. Mit Salz und Pfeffer abschmecken.

Schwarzbrot in Würfelchen schneiden. In einer Pfanne etwas Olivenöl erhitzen, die Knoblauchzehe dazugeben, um das Öl zu aromatisieren. Die Brotwürfel im Öl knusprig braten.

Die Kürbiscremesuppe mit den Knoblauchcroûtons und dem gehackten Fenchelgrün bestreuen und heiß servieren.

Erbsensuppe
mit Räuchertofu-Croûtons

VEGAN

Erbsen über Nacht einweichen. Am nächsten Tag das Einweichwasser abgießen.
Zwiebel schälen und in etwas Olivenöl anbraten. Erbsen, Suppe und Lorbeerblatt beifügen. Erbsen zugedeckt langsam weich kochen.
Das Lorbeerblatt entfernen und die Suppe pürieren. Mit Muskat, Salz und Pfeffer abschmecken.
Den Räuchertofu in mundgerechte Würfelchen schneiden und in Olivenöl goldbraun bzw. knusprig braten.
Die Erbsensuppe mit den Räuchertofu-Croûtons servieren.

4 Portionen

250 g getrocknete Erbsen
1 Zwiebel
Olivenöl extra vergine
1 l nährstoffreiche Gemüsekraftsuppe (S. 78)
1 Lorbeerblatt
etwas Muskat
Salz
Pfeffer aus der Mühle
250 g Räuchertofu

Tipp Auch mit frischen Erbsen lässt sich eine schnelle Erbsencremesuppe (siehe Titelbild) herstellen.

Kichererbsen-Linsen-Cremesuppe

VEGAN

4 Portionen

250 g getrocknete Kichererbsen (ersatzweise 500 g gegarte Kichererbsen aus Glas oder Dose)
1 Lorbeerblatt
800 ml nährstoffreiche Gemüsekraftsuppe (S. 78)
50 g braune Linsen
4 EL Tahin (Sesampaste)
1 Knoblauchzehe, geschält und gehackt
1,5 TL Kreuzkümmel
50 g dünne Suppenfadennudeln aus Dinkel
Salz
bunter Pfeffer aus der Mühle
Saft und Abrieb von 1 Bio-Zitrone
1 Zweig Rosmarin

Kichererbsen über Nacht einweichen, am Folgetag das Einweichwasser abgießen. Kichererbsen mit reichlich frischem Wasser und Lorbeerblatt rund 1 Stunde nicht ganz weich kochen. Kochwasser abseihen, Lorbeerblatt entfernen (alternativ können Sie auch fertig gegarte Kichererbsen aus Glas oder Dose verwenden).
Nun mit Kraftsuppe aufgießen, die braunen Linsen beifügen und alles so lange kochen, bis Kichererbsen und Linsen ganz weich sind.
Tahin, Knoblauch und Kreuzkümmel beifügen. Alles mit dem Pürierstab etwas zerkleinern, aber nicht ganz pürieren. Dann die Suppennudeln beifügen und noch kurz weich kochen.
Mit Salz, Pfeffer sowie etwas Zitronensaft und -abrieb abschmecken und mit ein paar gehackten Rosmarinnadeln bestreuen und servieren.

Fruchtig-scharfe Kokos-Linsen-Suppe

VEGAN

4–6 Portionen

50 g Zwiebeln
2 Knoblauchzehen
1 Apfel
2 Karotten
1 TL geriebener Ingwer
1 EL Kokosöl
150 g rote Linsen
1 EL Curry
1 TL gemahlene Kurkuma (Gelbwurz)
1 Lorbeerblatt
1,5 l nährstoffreiche Gemüsekraftsuppe (S. 78) oder Wasser
200 ml Kokosmilch
Saft und Abrieb von 1 Bio-Zitrone
Salz
Pfeffer aus der Mühle

Zwiebeln, Knoblauch und Apfel schälen und klein schneiden. Linsen waschen.
Karotten grob raspeln. Zwiebeln, Karotten, Knoblauch und Ingwer in Kokosöl anrösten. Linsen beifügen. Curry, Kurkuma und Lorbeerblatt dazugeben, alles kurz mitrösten und mit Gemüsekraftsuppe oder Wasser aufgießen.
Linsen weich kochen, Kokosmilch und in Würfelchen geschnittene Äpfel beifügen und mit Zitronensaft und -abrieb, Salz und Pfeffer abschmecken. Das Lorbeerblatt entfernen und die Suppe heiß servieren.

Tipp Hochwertiges Kokosfett gilt als Alzheimer-Prophylaxe. Gelbwurz, Curry, Hülsenfrüchte und Äpfel sind heilsam für unseren Darm, und die Linsen stärken laut Traditioneller Chinesischer Medizin die Nieren. Ingwer und Curry wärmen und sorgen so für warme Füße im kalten Winter.

Erbsenschoten-Gemüse-Süppchen
mit Einkornreis und Kürbiskernen

VEGAN

Schalotten schälen, Staudensellerie waschen und holzige Teile sowie äußere Fäden entfernen. Zuckererbsenschoten waschen, Stielansätze und Fäden entfernen. Zucchini waschen und die Enden abschneiden.
Das Gemüse grob zerkleinern und in etwas Olivenöl andünsten. Mit Gemüsekraftsuppe aufgießen, Einkornreis beifügen und rund 10–15 Minuten weich köcheln.
Petersilie waschen, sehr dicke Stängel entfernen. Zur Suppe geben und alles mit dem Pürierstab zerkleinern.
Mit Zitronensaft und -abrieb, Worcestershiresauce und Sojasauce oder Tamari abschmecken.
Kürbiskerne in einer Pfanne ohne Fett trocken rösten und grob hacken. Die heiße Suppe mit den Kürbiskernen bestreut servieren.

4 Portionen

2 Schalotten
1 Stange Staudensellerie
150 g Zuckererbsenschoten
½ Zucchini
Olivenöl extra vergine
750 ml nährstoffreiche Gemüsekraftsuppe (S. 78)
50 g Einkornreis (ersatzweise Dinkelreis)
1 Bund Petersilie
Saft und Abrieb von 1 Bio-Zitrone
vegane Worcestershiresauce
Sojasauce oder Tamari
1 Handvoll Kürbiskerne

Tipp Achten Sie beim Kauf von Sojasauce auf die Qualität – hochwertige Produkte dürfen nur Weizen, Sojabohnen, Salz und Wasser enthalten. Im Handel sind allerdings viele Saucen erhältlich, die jede Menge ungesunde Zusatzstoffe wie Farbstoffe, Zucker, Verdickungsmittel und künstliche Geschmacksverstärker enthalten.

Das traditionelle Reis-Congee kommt aus China, mehr Informationen darüber finden Sie auf S. 12.

Grundrezept

Vollkornreis und Wasser im Verhältnis 1:10 für rund 3–5 Stunden auf kleiner Flamme kochen, bis der Reis vollständig zerkocht ist eine sämige Konsistenz hat. Diesen Brei können Sie in Schraubgläsern bis zu 1 Woche im Kühlschrank aufbewahren und in verschiedenen Variationen abwandeln bzw. weiterverarbeiten.

Rote-Rüben-Congee mit Kren und gerösteten Walnüssen

VEGAN

4 Portionen

100 g Langkorn-Vollwertreis
1 l Wasser
2 große vorgekochte Rote Rüben (Rote Bete)
2 EL Walnüsse, geschält
2 Schöpfer nährstoffreiche Gemüsekraftsuppe (S. 78)
2 cm Meerrettich (Kren), frisch gerieben
Salz
1 Spritzer Essig

Mit dem Vollwertreis ein Congee nach dem Grundrezept kochen (siehe oben).

Die vorgekochten Roten Rüben in kleine Würfel schneiden. Walnüsse in kleine Stücke hacken.
Gemüsekraftsuppe in einem Topf erwärmen. Congee und geriebenen Meerrettich beifügen. Mit Salz und Essig würzen und Rote Rüben beifügen. Leicht köcheln lassen und immer wieder umrühren, damit nichts anbrennt.
Walnüsse in einer heißen Pfanne ohne Öl trocken rösten.
Heißes Rote-Rüben-Congee in Schüsseln anrichten und die gerösteten Walnüsse darüberstreuen.

Steinpilz-Congee

VEGAN

4 Portionen

100 g Langkorn-Vollwertreis
1 l Wasser
250 ml nährstoffreiche Gemüsekraftsuppe (S. 78)
1 Stück Wakame-Alge
1 Schluck trockener veganer Weißwein
½ Bund Petersilie, gehackt
100 g getrocknete Steinpilze
1 Scheibe Ingwer
Salz
Pfeffer aus der Mühle

Mit dem Vollwertreis ein Congee nach dem Grundrezept kochen (siehe oben).

Congee mit Gemüsekraftsuppe und Alge zum Kochen bringen.
Weißwein beifügen und die Hälfte der gehackten Petersilie einstreuen.
Getrocknete Steinpilze und Ingwer dazugeben und köcheln lassen.
Mit Salz und Pfeffer abschmecken und mit der restlichen Petersilie bestreut heiß servieren.

Angelehnt an das in China traditionelle Reis-Congee können Sie auch mit heimischem Dinkel einen Kraftbrei zubereiten, der – je nach Geschmack – unterschiedlich abgewandelt werden kann.

Grundrezept

Dinkelkörner und Wasser im Verhältnis 1:7 bis 1:10 (je nach gewünschter Konsistenz) für rund 4–5 Stunden auf kleiner Flamme kochen, bis der Dinkel vollständig zerkocht ist und eine sämige Konsistenz hat. Diesen Brei können Sie in Schraubgläsern bis zu 1 Woche im Kühlschrank aufbewahren und in verschiedenen Variationen abwandeln bzw. weiterverarbeiten.

VEGAN

Pikantes Dinkel-Congee-Süppchen mit Hildegard-Gewürzen

Dinkel mit Wasser zu einem Congee verarbeiten (siehe Grundrezept oben).

Fenchel waschen, Strunk entfernen. Fenchel in feine Streifen schneiden. Karotten schälen und in dünne Scheiben oder Würfelchen schneiden.
Congee mit Gemüsekraftsuppe verrühren, das Gemüse darin weich kochen. Mit Bertram, Quendel, Galgant und Salz abschmecken, mit 1 Schuss Walnussöl verfeinern und heiß als warmes Frühstück oder leichtes Abendessen servieren.

8–10 Portionen

1 kleine Tasse Dinkel
7–10 kleine Tassen Wasser
1 Fenchelknolle
2 kleine Karotten
250 ml nährstoffreiche Gemüsekraftsuppe (S. 78)
1 Prise Bertram*
1 Prise Quendel*
1 Prise Galgant*
Salz
1 Schuss Walnussöl**

*Wenn Sie keine Hildegard-Gewürze zu Hause haben, können Sie den Brei auch mit klassischen mediterranen Küchenkräutern wie Oregano, Basilikum und Thymian würzen.

**oder ein anderes wertvolles Pflanzenöl, siehe S. 23

Hirse-Karotten-Suppe
mit Champignons

VEGAN

4 Portionen

1 Zwiebel
1 Knoblauchzehe
2 Karotten
1 Scheibe Knollensellerie
400 g Champignons
frische Kräuter nach Belieben
150 g Hirse
Olivenöl extra vergine
1,5 l nährstoffreiche
Gemüsekraftsuppe (S. 78)
1 EL Bierhefeflocken
Salz
Pfeffer aus der Mühle

Zwiebel und Knoblauch schälen und fein hacken. Karotten schälen und in Scheiben schneiden. Knollensellerie schälen und klein schneiden. Champignons putzen und in Scheiben schneiden. Kräuter hacken und beiseitestellen.
Hirse in ein Sieb geben und gut waschen, sodass allfällige Bitterstoffe entfernt werden.
Olivenöl in einem Topf erhitzen, Zwiebel, Knoblauch, Karotten und Sellerie andünsten, Champignons dazugeben, alles kurz durchrühren und mit Kraftsuppe aufgießen. Die gewaschene Hirse dazugeben und alles rund 20–30 Minuten weich kochen. Wenn die Suppe fertig gekocht ist, Bierhefeflocken und frische Kräuter einrühren und mit Salz, Pfeffer und 1 Schuss Olivenöl abschmecken.

Tipp Wer nicht vegan bzw. vegetarisch essen will, kann diese Suppe auch mit Hühnersuppe zubereiten.

Info
Bierhefe ist ein altes Naturheilmittel mit einem hohen Anteil an Vitaminen, Mineral- und Vitalstoffen. Sie enthält u. a. die Vitamine E und H, eine Reihe von B-Vitaminen, Kalium, Folsäure, Zink, Magnesium, Eisen und Natrium. Bierhefe unterstützt die Entgiftung, stärkt Haut, Haare, Darm und Lunge und kann rheumatische Beschwerden lindern. Für Menschen, die kein oder wenig Fleisch essen, stellt sie eine wertvolle Nahrungsergänzung dar.

Mich-sticht-der-Hafer-Suppe mit Gelbwurz

VEGAN

4 Portionen

1 Fenchelknolle
1 Karotte
1 EL Kokosöl
1 cm frischer Ingwer, gerieben
60 g Haferflocken
20 g Kastanienmehl
1 TL gemahlene Kurkuma (Gelbwurz)
1 l nährstoffreiche Gemüsekraftsuppe (S. 78)
Salz
Pfeffer aus der Mühle
1 Bund Petersilie, gehackt

Fenchel waschen und in kleine Stücke schneiden, Karotte raspeln. Kokosöl erhitzen, Fenchel und Ingwer darin ansautieren. Haferflocken und Kastanienmehl beifügen, gemahlene Kurkuma unterrühren, kurz mitrösten und mit der Suppe aufgießen.
Mit Salz und Pfeffer würzen und auf kleiner Flamme köcheln, bis sich die Haferflocken aufgelöst haben und die Suppe eingedickt ist.
Mit frischer Petersilie bestreuen und heiß servieren.

Info

Haferflocken sind eine Wohltat für Magen und Darm. In Kombination mit Kastanienmehl und Gelbwurz sind sie hier ideal für ein pikantes warmes Frühstück. Wer die wärmende Wirkung des Hafers noch verstärken möchte, röstet die Flocken vor dem Kochen noch mit etwas Kokosöl an.

Bäuerlicher Rollgersteneintopf
mit Schwammerln und Gelben Rüben

VEGAN

Champignons waschen und schneiden. Knoblauch und Schalotten schälen und fein hacken. Gelbe Rübe schälen und in kleine Würfel schneiden. Rollgerste waschen und abseihen. Schalotten und Knoblauch in Olivenöl glasig dünsten, restliche Zutaten beifügen und auf kleiner Flamme 40 Minuten weich dünsten.
Mit Salz, Pfeffer und 1 Schuss Olivenöl abschmecken, mit frischem Majoran dekorieren und heiß servieren.

4 Portionen

200 g Cremechampignons
2 Knoblauchzehen
2 Schalotten
1 Gelbe Rübe
150 g Rollgerste
Olivenöl extra vergine
5 g getrocknete Steinpilze
1 l nährstoffreiche Gemüsekraftsuppe (S. 78)
1 Lorbeerblatt
1 TL gemahlener Kümmel
3 TL getrockneter Majoran und 1 Zweig frischer Majoran zur Dekoration
Salz
Pfeffer aus der Mühle

Tipp Wer es etwas deftiger möchte und Fleisch isst, kann Kasseler (Geselchtes) oder Speckwürfel mitkochen.

Roter Linsen-Gemüse-Eintopf

VEGAN

4 Portionen

1 Stange Lauch
2 Karotten
½ Sellerieknolle
1 roter Paprika
2 Knoblauchzehen
2 cm frischer Ingwer
200 g getrocknete rote Linsen
Olivenöl extra vergine
750 ml nährstoffreiche Gemüsekraftsuppe (S. 78)
2 EL Tomatenmark
1 TL Currypulver
1 TL gemahlene Koriandersamen
Saft und Abrieb von 1 Bio-Zitrone
Salz
Pfeffer aus der Mühle

Lauch waschen und in Ringe schneiden. Karotten und Sellerie schälen und in kleine Würfel schneiden. Paprika von Stiel, Kernen und Seitenwänden befreien und in kleine Würfelchen schneiden. Knoblauch und Ingwer schälen und fein hacken. Linsen waschen.
Das Gemüse in etwas Olivenöl anrösten, Linsen beifügen und mit Gemüsekraftsuppe aufgießen. Tomatenmark, Curry und Koriander beifügen und Linsen weich kochen.
Mit Salz, Pfeffer, Zitronensaft und -abrieb abschmecken und heiß servieren.

Berglinseneintopf
mit Wurzelgemüse

VEGAN

4 Portionen

1 Zwiebel
2 Knoblauchzehen
100 g Pastinaken
100 g Petersilienwurzeln
100 g Karotten
Olivenöl extra vergine
200 g Berglinsen
750 ml nährstoffreiche Gemüsekraftsuppe (S. 78)
1 Lorbeerblatt
1 EL getrockneter Thymian
1 kleiner Zweig Rosmarin
Salz
bunter Pfeffer aus der Mühle
etwas Balsamicoessig
etwas Tabascosauce

Zwiebel, Knoblauch, Pastinaken, Petersilienwurzeln und Karotten schälen. Zwiebel und Knoblauch fein hacken, Pastinaken, Petersilienwurzeln und Karotten in kleine Stücke schneiden.
Olivenöl in einem Topf erhitzen, Zwiebel und Knoblauch darin andünsten. Das Gemüse dazugeben.
Linsen waschen und ebenfalls beifügen. Mit Gemüsekraftsuppe aufgießen, die Kräuter beimengen.
Auf kleiner Flamme 30–50 Minuten kochen, bis die Linsen weich sind.
Das Lorbeerblatt entfernen. Den Eintopf mit Salz, Pfeffer, Balsamicoessig und Tabascosauce abschmecken und heiß servieren.

Cashew-Curry
mit Pilzen und Kartoffeln auf Massaman-Art

VEGAN

4 Portionen

200 g festkochende Kartoffeln
200 g Champignons
400 ml Kokosmilch
2–3 EL Massaman-Currypaste*
(je nach gewünschter Schärfe)
200 g Cashewnüsse
Salz
Saft von 1 Limette
1 Bund frischer Koriander, gehackt

*Massaman-Currypaste ist eine typisch thailändische Currypaste. Sie ist im Asialaden erhältlich, ersatzweise kann jede andere Thai-Curry-Paste verwendet werden.

Kartoffeln schälen und in kleine Würfelchen schneiden. Champignons putzen und vierteln. Den festen Teil der Kokosmilch im Wok oder in einem Topf schmelzen lassen. Die Currypaste darin anrösten und dann mit der restlichen Kokosmilch aufgießen.
Kartoffelwürfelchen und Cashewnüsse dazugeben und weich dünsten. Gegen Ende der Garzeit die Pilze beifügen. Mit Salz und Limettensaft abschmecken und mit Koriandergrün bestreuen.

Veggie-Gulasch
mit getrockneten Tomaten

VEGAN

Zwiebeln, Knoblauch und Kartoffeln schälen. Kartoffeln in mundgerechte Würfelchen schneiden. Räuchertofu in Würfel oder Streifen schneiden. Getrocknete Tomaten ebenfalls in mundgerechte Stücke schneiden.
Zwiebeln und Knoblauch fein hacken und in Olivenöl anrösten. Kartoffeln beifügen, Paprika beifügen, kurz mitrösten, dann mit dem Wasser aufgießen. Mit Kümmel, Majoran und Salz würzen. Wenn die Kartoffeln fast weich sind, Räuchertofu und getrocknete Tomaten beifügen und alles fertigkochen. Mit Balsamicoessig, Vollrohrzucker sowie Salz und Pfeffer abschmecken.

4 Portionen

2 große rote Zwiebeln
6 Knoblauchzehen
1 kg festkochende Kartoffeln
500 g Räuchertofu
200 g getrocknete Tomaten
Olivenöl extra vergine
1,4 l heißes Wasser
4 EL edelsüßes Paprikapulver
etwas gemahlener Kümmel
etwas getrockneter Majoran
Salz
1 Spritzer Balsamicoessig
1 Prise Vollrohrzucker
Pfeffer aus der Mühle

Herzhafter Kartoffel-Bohnen-Eintopf

VEGAN

4 Portionen

250 g getrocknete weiße Bohnen
500 g Kartoffeln
2 Zwiebeln
2 Knoblauchzehen
2 rote Spitzpaprika
Olivenöl extra vergine
4 EL edelsüßes Paprikapulver
2 EL Tomatenmark
2 TL gemahlener Kümmel
1 TL Vollrohrzucker
1 l nährstoffreiche Gemüsekraftsuppe (S. 78)
2 Lorbeerblätter
2 EL getrockneter Majoran
1 Spritzer Tabascosauce
1 Spritzer vegane Worcestershiresauce
Salz
Pfeffer aus der Mühle

Bohnen über Nacht einweichen und je nach Sorte und Größe rund 1–2 Stunden weich kochen. Alternativ Bohnen aus Dose oder Glas verwenden.
Kartoffeln, Zwiebeln und Knoblauch schälen. Paprika waschen, von Strunk und Kernen befreien und in kleine Würfel schneiden. Kartoffeln ebenfalls in kleine Würfel schneiden. Zwiebeln und Knoblauch in Olivenöl anrösten. Paprika und Kartoffeln dazugeben, kurz weiterrösten, paprizieren.
Tomatenmark, Kümmel und Zucker beifügen und mit Gemüsekraftsuppe aufgießen. Lorbeerblätter und Majoran dazugeben und auf kleiner Flamme rund 20 Minuten köcheln, bis die Kartoffeln fast weich sind.
Bohnen beifügen und alles noch ein bisschen weiterkochen. Dann die Lorbeerblätter entfernen.
Mit Tabasco- und Worcestershiresauce sowie Salz und Pfeffer abschmecken und heiß servieren.

Chili sin carne

VEGAN

4 Portionen

2 rote Zwiebeln
3 Knoblauchzehen
2 Karotten
2 rote Paprika
1 Chili
2 Süßkartoffeln
Olivenöl extra vergine
1 EL edelsüßes Paprikapulver
1 TL Kreuzkümmel
1 TL gemahlene Koriandersamen
400 g Pelati (geschälte Tomaten aus Dose oder Glas)
250 ml nährstoffreiche Gemüsekraftsuppe (S. 78)
2 Lorbeerblätter
2 Thymianzweige
200 g gekochte rote Bohnen (aus Dose oder Glas)
200 g gekochte Maiskörner (aus Dose oder Glas)
Salz
bunter Pfeffer aus der Mühle
1 Avocado
Saft von 1 Limette

Zwiebeln und Knoblauch schälen und fein hacken. Karotten schälen und in Scheiben oder Würfel schneiden. Paprika und Chili von Stielansatz, Kernen und Seitenwänden befreien. Paprika in Würfel schneiden. Chili fein hacken. Süßkartoffeln schälen und in Würfel schneiden.
Etwas Olivenöl in einem Topf erhitzen, Zwiebeln, Knoblauch und Chili darin ansautieren, Paprikawürfel und Karotten beifügen. Paprikapulver, Kreuzkümmel und Koriander dazugeben, kurz mitrösten.
Mit den geschälten Tomaten und etwas Gemüsekraftsuppe aufgießen. Lorbeerblätter und Thymianzweige beifügen und alles 5 Minuten auf kleiner Flamme kochen.
Anschließend Süßkartoffeln, Bohnen und Mais dazugeben und alles so lange kochen, bis das Gemüse gar ist. Mit Salz und Pfeffer abschmecken. Die Lorbeerblätter entfernen.
In der Zwischenzeit die Avocado schälen und in Stücke schneiden. Mit Limettensaft beträufeln, sodass sie nicht braun wird. Zum Schluss die Avocado zum Chili geben und rasch servieren.

Kürbis-Lauch-Topf
mit frischen Kräutern

VEGETARISCH

4 Portionen

1 Stange Lauch
3 Knoblauchzehen
1 mittelgroßer Butternusskürbis
1 gelber oder oranger Paprika
2 EL Butter
1 EL edelsüßes Paprikapulver
½ TL Kümmel
1 TL gemahlene Kurkuma (Gelbwurz)
1 EL Tomatenmark
1 Schöpfer nährstoffreiche Gemüsekraftsuppe (S. 78)
1 Schuss Sahne (Schlagobers)
Salz
Pfeffer aus der Mühle
frische Kräuter (z. B. Salbei, Rosmarin)

Lauch putzen, Enden entfernen und in Ringe schneiden. Knoblauch schälen und fein hacken.
Kürbis schälen, zerkleinern, Kerne entfernen und in mundgerechte Stücke schneiden.
Paprika waschen, Stiel, Kerne und Seitenwände entfernen und in kleine Würfel oder Streifen schneiden.
Butter im Topf erhitzen, bis sie schmilzt. Nun Lauch, Knoblauch und Paprikawürfel beifügen. Alles kurz durchrösten, Gewürze und Tomatenmark dazugeben und kurz mitrösten.
Mit Kraftsuppe aufgießen und den geschnittenen Kürbis beifügen. Kurz aufkochen lassen und anschließend mit geschlossenem Deckel auf kleiner Flamme weich dünsten.
Mit Sahne aufgießen und alles etwas eindicken lassen.
Mit Salz und Pfeffer abschmecken und mit frischen Kräutern bestreut servieren.

Tipp Veganer/inn/en lassen die Sahne weg oder ersetzen sie durch Soja Cuisine.

Cassoulet de Légumes

VEGAN

Bohnen über Nacht in Wasser einweichen. Das Einweichwasser wegleeren, Bohnen in der Gemüsekraftsuppe mit Lorbeerblatt, Rosmarin, Lavendel und Bohnenkraut auf kleiner Flamme rund 1 Stunde weich kochen. Dann die Gewürze entfernen.
Zucchini, Auberginen und Staudensellerie waschen, Stielansätze entfernen. Gemüse in mundgerechte Würfel schneiden. Tomaten waschen, Strunk entfernen und ebenfalls in mittelgroße Würfel schneiden. Zwiebel und Knoblauch schälen und hacken.
Nun das Gemüse nach und nach in den Bohnentopf geben: Zuerst Zwiebel und Knoblauch, dann Staudensellerie, Zucchini, Auberginen und Tomaten. Alles gar kochen, mit Pfeffer und Salz abschmecken.
Cassoulet mit Dinkelbröseln bestreuen, Olivenöl darübergießen. Unter dem Grill im Backofen kurz überbacken.
Heiß in Tonschalen und mit Brot servieren.

4 Portionen

250 g weiße, getrocknete Bohnen
500 ml nährstoffreiche Gemüsekraftsuppe (S. 78)
1 Lorbeerblatt
1 Rosmarinzweig
1 Lavendelzweig
1 Zweig Bohnenkraut
200 g Zucchini
200 g Auberginen (Melanzani)
200 g Staudensellerie
3 mittelgroße Fleischtomaten
1 Zwiebel
3 Knoblauchzehen
Salz
bunter Pfeffer aus der Mühle
100 g Dinkelvollkornbrösel
7 EL Olivenöl extra vergine

Info

Als Cassoulet bezeichnet man einen Eintopf aus dem Süden Frankreichs, der traditionellerweise mit jeder Menge Speck, Würsten, Lamm, Ente oder Gans gekocht wird. Mit diesem Rezept wollen wir zeigen, dass sich auch sein fleischloses Äquivalent sehen oder – besser – genießen lassen kann.

Süßkartoffel-Letscho

VEGAN

4 Portionen

1 Zwiebel
1 Knoblauchzehe
2 rote Paprika
1 kg Süßkartoffeln
Olivenöl extra vergine
1 EL edelsüßes Paprikapulver
200 g geschälte Tomaten mit Saft
(aus Dose oder Glas)
1 Schuss Walnussöl*
Salz
Pfeffer aus der Mühle

*oder gehackte Nüsse, siehe auch S. 23

Zwiebel und Knoblauch schälen und fein hacken. Paprika waschen, von Kernen, Stiel und Seitenwänden befreien und in Streifen schneiden.
Süßkartoffeln schälen und in Scheiben schneiden.
Olivenöl erhitzen, Zwiebeln und Knoblauch darin anbraten, bis sie glasig sind. Paprika dazugeben, das Paprikapulver einrühren und kurz mitbraten. Mit den Tomaten samt Saft aufgießen.
Kurz einkochen lassen, dann die Süßkartoffelscheiben beifügen und auf kleiner Flamme so lange dünsten, bis die Kartoffeln weich sind.
Mit Walnussöl beträufeln – oder mit gehackten Nüssen bestreuen.
Mit Salz und Pfeffer abschmecken und heiß servieren.

Mexikanische Bohnencremesuppe

mit Bio-Mais-Chips

VEGETARISCH

4 Portionen

350 g getrocknete schwarze Bohnen
2 Lorbeerblätter
2 Zwiebeln
1 Chili
2 EL Butterschmalz
500 ml nährstoffreiche Gemüsekraftsuppe (S. 78)
1 Zweig Zitronenmelisse
Saft von 1 Limette
Salz
Pfeffer aus der Mühle
150 g Schafskäse
1 Packung Bio-Mais-Chips

Die Bohnen über Nacht einweichen.
Am nächsten Tag in reichlich frischem Wasser mit 1 Lorbeerblatt weich kochen. Zwiebeln schälen und fein hacken. Chili von Kernen, Strunk und Stiel befreien und ebenfalls fein hacken. Butterschmalz erhitzen und Zwiebel und Chili darin kurz ansautieren.
Die abgetropften Bohnen beifügen und mit Gemüsekraftsuppe aufgießen. Zitronenmelisse und Lorbeerblatt beifügen.
Alles kurz kochen lassen, Lorbeerblatt entfernen.
Mit dem Pürierstab zu einer cremigen Suppe pürieren.
Mit etwas Limettensaft, Salz und Pfeffer abschmecken.
Auf Schüsseln verteilen und etwas Schafskäse darüberbröseln.
Mit Bio-Mais-Chips servieren.

Tipp Veganer/inn/en ersetzen das Butterschmalz durch Sonnenblumenöl und lassen den Schafskäse weg.
–
Ersatzweise können Sie auch bereits gegarte schwarze Bohnen aus Dose oder Glas verwenden. Diese sind bei uns allerdings nur in exotischen Supermärkten erhältlich.

Ukrainische Borschtsch

4–6 Portionen

250 g Bio-Rindfleisch zum Kochen
200 g gemischte Bio-Rinderknochen
2 l kaltes Wasser
2 Lorbeerblätter
1 Zwiebel
1 Knoblauchzehe
Salz
1 kleiner Weißkohlkopf (Weisskraut)
2 festkochende Kartoffeln
1 große Karotte
1 Rote Rübe
2 sonnengereifte Tomaten (ersatzweise aus der Dose)
1 EL Schmalz oder Butterschmalz
1 Prise Zucker
1 Spritzer Essig
Pfeffer aus der Mühle
1 Becher saure Sahne (Sauerrahm)
1 Bund Dille, gehackt

Fleisch und Knochen in einem Topf mit dem kalten Wasser ansetzen. Lorbeerblätter, eine ganze Zwiebel und Knoblauch mit Schale sowie Salz beifügen. Zum Kochen bringen, den Schaum abschöpfen, Hitze reduzieren und auf kleiner Flamme rund 2 Stunden weich kochen.
Das Fleisch aus der Suppe nehmen, in mundgerechte Stücke schneiden und beiseitestellen. Die Suppe abseihen und ebenfalls beiseitestellen.
Weißkohl vierteln, den Strunk entfernen und feinnudelig schneiden oder hobeln. Kartoffeln, Karotte und Rote Rübe schälen. Karotte und Rote Rübe grob paspeln oder in kleine Stücke schneiden. Kartoffeln in mundgerechte Stifte schneiden. Kartoffeln und Kohl in die Suppe geben und rund 15 Minuten kochen.
Tomaten vom grünen Strunkansatz und den Kernen entfernen und in Würfelchen schneiden.
In der Zwischenzeit (Butter-)Schmalz in einer Pfanne erhitzen und die Roten Rüben bei schwacher Hitze rund 15 Minuten andünsten. Tomaten, etwas Zucker und Essig beifügen und kurz weiterdünsten. Anschließend die Karotten beifügen und weiterdünsten.
Zuletzt das gedünstete Gemüse und die gegarten Fleischstücke in die Brühe geben, noch einmal 5 Minuten kochen und mit Salz und Pfeffer abschmecken.
Die Suppe mit 1 Klecks saurer Sahne pro Portion sowie Dille bestreut servieren.

Deftige Bohnensuppe
auf spanische Art

4 Portionen

150 g große weiße Bohnen
1 Stück Bio-Bauchfleisch
samt Schwarte
1 roter Paprika
1 Zwiebel
2 Knoblauchzehen
Olivenöl extra vergine
50 g Bio-Speck
1 TL Kreuzkümmel
1 TL gemahlene Koriandersamen
1 EL Tomatenmark
1 TL Paprikapulver
1 Stück Bio-Chorizo
(spanische Paprikawurst),
in Stücke geschnitten
1 l Kraftsuppe
(Gemüse, Rind oder Schwein)
¼ l Rotwein oder Sherry
etwas Safran
Salz
Pfeffer aus der Mühle
1 Bund Petersilie, frisch gehackt

Bohnen über Nacht in reichlich Wasser einweichen. Am nächsten Tag Einweichwasser wegschütten und Bohnen mit Bauchfleisch in frischem Wasser fast weich kochen.
Paprika von Strunk und Seitenwänden befreien und in kleine Stücke schneiden. Zwiebel und Knoblauch schälen, hacken und in Olivenöl ansautieren. Speck und Paprika beifügen und kurz mitbraten.
Kreuzkümmel, Paprikapulver, Koriander und Tomatenmark dazugeben und weiterrösten. Dann die fast fertig gegarten Bohnen und Chorizo beifügen, mit Kraftsuppe und Rotwein oder Sherry aufgießen, Safran dazugeben und alles weich kochen.
Das gekochte Bauchfleisch in mundgerechte Stücke schneiden und zur Suppe geben.
Mit Salz und Pfeffer abschmecken und mit Petersilie bestreut servieren.

Tipp Wer mag, kann die Suppe mit gehackten Chilis schärfen.

Info
Bohnen wirken wie Linsen positiv auf die Nierenenergie – so heißt es in der chinesischen Ernährungslehre. Safran und Chilis bringen das Qi in Bewegung, das deftige Schweinefleisch sorgt für ein bisschen Isolierfett, das uns an sehr rauen Wintertagen schützt.

Pho
(Vietnamesische Rindsuppe)

8 Portionen

1 Zwiebel
300 g Bio-Rindsuppenfleisch
200 g Bio-Ochsenschwanz
300 g Bio-Markknochen vom Rind
200 g Bio-Rinderknochen
3 l kaltes Wasser
20 g frische Ingwerknolle
2 Stück Sternanis
1 Zimtstange
2 Gewürznelken
1 TL Fünf-Gewürze-Pulver*
1 kleiner Bund Jungzwiebeln
1 Bund Koriandergrün*
Fischsauce zum Würzen*

Für die Suppeneinlage:
250 g Rindslungenbraten
250 g dünne Reisbandnudeln*

*Exotische Gewürze und Zutaten erhalten Sie im Asialaden.

Zwiebel mit Schale halbieren und in einer Pfanne ohne Fett etwas anrösten, damit Röstaromen entstehen. Fleisch und Knochen waschen, Splitter entfernen und in kaltem Wasser ansetzen, Zwiebel dazugeben. Wasser zum Kochen bringen und den braunen Schaum abschöpfen.
Nun Ingwer, Sternanis, Zimt, Nelken und Gewürze-Pulver beifügen und alles 2 Stunden auf kleiner Flamme kochen.
Die Suppe abseihen und beiseitestellen.

Den Lungenbraten für die Suppeneinlage in Scheiben schneiden. Reisnudeln in warmem Wasser einweichen, bis sie weich sind.

Jungzwiebeln in Ringe schneiden und Koriandergrün abzupfen. Die Suppe nochmals aufkochen, mit Fischsauce abschmecken und die Lungenbratenscheiben darin kurz garen. Mit den Reisbandnudeln, Jungzwiebeln und Koriandergrün anrichten.

Dazu reicht man Mungbohnensprossen, Limettenscheiben oder -spalten, Minze, gehackte Chilis und Austernsauce*.

Tom Yam Gung (Thailändische scharf-saure Garnelensuppe mit Zitronengras)

4 Portionen

150 g Strohpilze aus der Dose
5 cm Galgantwurzel
2 Stängel Zitronengras
1 Bund Koriandergrün
1 l Hühnerkraftsuppenfond (S. 50)
2 EL Nam Prik Phau (siehe unten)
5 Zitronenblätter
1–3 kleine rote Chilis
2 TL brauner Zucker
Saft von 1 Limette
1 Spritzer Fischsauce
500 g Bio-Garnelen (ohne Darm)

Strohpilze abseihen und halbieren.
Galgant und Zitronengras putzen und leicht anquetschen.
Koriandergrün waschen und abzupfen oder hacken.
Die Suppe zum Kochen bringen, Nam Prik Phau (Würzpaste), Galgant, Zitronengras, Zitronenblätter, Chilis und Zucker dazugeben und etwas köcheln lassen. Mit Limettensaft und Fischsauce abschmecken.
Kurz vor dem Serviere Garnelen und Pilze beifügen, nur ganz kurz aufkochen lassen.
Die Suppe mit frischem Koriandergrün bestreut heiß servieren.

Info

Thailand hat eine verblüffend niedrige Darmkrebsrate – was immer wieder mit dem regelmäßigen Verzehr dieser traditionellen Suppe und ihren äußerst gesunden Zutaten in Zusammenhang gebracht wird.

Würzpaste (Nam Prik Phau)

10 Schalotten
10 Knoblauchzehen
125 ml Öl
5–10 g getrocknete Chilis*
80 g Shrimp-Paste
3 EL Tamarindenmus
2 EL Palmzucker (alternativ Rohrzucker)
1 Spritzer Fischsauce

Schalotten und Knoblauch schälen und in kleine Würfel schneiden. Öl erhitzen, Schalotten, Knoblauch und Chilis goldbraun braten. Aus der Pfanne nehmen und etwas abkühlen lassen. Nun im Mörser fein zerstoßen oder in der Küchenmaschine zerkleinern und nochmals in die Pfanne geben. Die Shrimp-Paste dazugeben und kurz mitbraten. Tamarindenmus und Palmzucker beifügen und alles gut vermengen. Mit Fischsauce würzen.

Tipp Die Würzpaste kann für verschiedene thailändische Gerichte verwendet werden und hält sich im Kühlschrank mindestens 2–3 Monate.

*Im Original-Thai-Rezept sind bis zu 100 g getrocknete Chilis vorgesehen, diese Menge ist uns Europäer/inn/en aber erfahrungsgemäß meist viel zu scharf.

Grüne Fischcurry-Suppe
auf Thai-Art

4 Portionen

400 ml Kokosmilch
1–2 EL grüne Thai-Curry-Paste
(siehe unten, als Fertigprodukt auch im Asialaden erhältlich)
500 ml Fischfond (S. 66)
3 Kaffir-Limetten-Blätter
200 g Shiitakepilze oder braune Champignons
4 Thai-Auberginen (alternativ 1 Zucchini)
400 g festfleischiges weißes Bio-Fischfilet nach Wahl
Saft von 1 Limette
1 Bund Thai-Basilikum
thailändische Fischsauce*
1 roter Thai-Chili

Den festen Teil der Kokosmilch im Wok oder in einem Topf erhitzen. Die Currypaste darin anrösten, mit der restliche Kokosmilch und mit dem Fischfond aufgießen. Die Limettenblätter beifügen und alles etwas köcheln lassen.
Pilze putzen und in mundgerechte Stücke schneiden. Die Thai-Auberginen (Melanzani) waschen und vom Stielansatz befreien, in Viertel oder Achtel schneiden. Fischfilets von Haut und Gräten befreien und ebenfalls in Stücke schneiden.
Nun die Pilze und den Fisch in der Kokos-Curry-Suppe garen. Mit Limettensaft und Fischsauce abschmecken und mit frisch abgezupften Thai-Basilikum-Blättern und nach Geschmack mit dem frischen Thai-Chili servieren.

Grüne Thai-Curry-Paste

5 Jungzwiebeln
3 grüne Chilis, entkernt
1 grüner thailändischer Chili
25 g Korianderwurzel, fein geschnitten
½ Bund frisches Koriandergrün
6 Knoblauchzehen, geschält
4 EL Zitronengras, gehackt
2 dünne Scheiben frische Galgantwurzel
1 daumendickes Stück Ingwer
1 TL Koriandersamen
1 TL Kreuzkümmel
2 EL Sojasauce
1 Spritzer thailändische Fischsauce*

Die angegebenen Zutaten in der Küchenmaschine zu einer dicken Paste zerkleinern. Die Paste zum Würzen für asiatische Suppen und Eintöpfe oder als Basis für thailändische Kokos-Currys verwenden!

*Fischsauce ist in Thailand das Würzmittel schlechthin. Sie wird aus fermentiertem Fisch und Salz hergestellt. Sollten Sie keine Fischsauce zu Hause haben, können Sie das Curry auch einfach nur mit Salz würzen.

Ungarisches Schweinspörkelt

4 Portionen

1 große Zwiebel
2 Knoblauchzehen
3 rote ungarische Spitzpaprika
2 mittelgroße sonnengereifte Tomaten
700 g Bio-Schweineschulter
1 EL Bio-Schweineschmalz
1 EL edelsüßes Paprikapulver
Salz
Pfeffer aus der Mühle
1 TL gemahlener Kümmel

Zwiebel und Knoblauch schälen und fein hacken. Paprika von Samen und Seitenwänden befreien und klein schneiden.
Tomaten ebenso von Stielansatz und Kernen befreien und in Würfel schneiden.
Fleisch in mundgerechte Stücke schneiden.
Das Schmalz erhitzen und die Zwiebel darin glasig andünsten, den geschnittenen Spitzpaprika dazugeben und etwas mitrösten.
Den Topf vom Herd nehmen. Das Paprikapulver dazugeben, alles gut durchrühren. Tomaten und Fleisch beifügen.
Mit Knoblauch, Salz, Pfeffer und Kümmel würzen, eventuell mit 1 Schluck Wasser ablöschen und alles auf kleiner Flamme langsam weich dünsten lassen.

Tipp Dazu passen Nockerln, Spätzle oder ein herzhaftes Roggenbrot.

Coq au Vin

6–8 Portionen

1 Bio-Huhn
1 Schuss Pflanzenöl
4 Knoblauchzehen
6 Schalotten
200 g Cremechampignons
50 g Bio-Selchspeck
50 g magerer Wildschweinspeck (alternativ Prosciutto)
¼ Knollensellerie
2 Karotten
2 Gelbe Rüben
1–2 EL Dinkelmehl
1–2 EL Tomatenmark
1 Schuss Cognac
500 ml französischer Rotwein
500 ml Hühnerkraftsuppenfond (S. 50)
Salz
Pfeffer aus der Mühle
4 Wacholderbeeren
1 Lorbeerblatt
1 Zweig Thymian
1 Zweig Rosmarin und Rosmarinnadeln zum Bestreuen
5 Pimentkörner
Abrieb von 1 Bio-Zitrone

Den Backofen auf 180 °C vorheizen.
Huhn in Stücke zerteilen, waschen, trocken tupfen, mit Salz und Pfeffer kräftig würzen und in einem Bräter mit etwas Pflanzenöl scharf anbraten, bis es eine schöne goldbraune Farbe hat.
Fleisch aus dem Bräter nehmen und beiseitestellen.
Knoblauch schälen und fein hacken. Schalotten schälen und halbieren oder vierteln. Pilze putzen und bei Bedarf halbieren oder vierteln.
Speck in Würfel oder Streifen schneiden. Sellerie, Karotten und Gelbe Rüben schälen und in Scheiben oder Würfel schneiden.
Nun Speck, Knoblauch, Schalotten, Karotten, Rüben, Sellerie und Pilze im Bräter anrösten, mit dem Dinkelmehl stauben und durchrösten.
Etwas Tomatenmark einrühren und ebenfalls kurz mitrösten.
Hühnerstücke dazugeben.
Dann mit Cognac, Rotwein und Hühnerkraftsuppenfond aufgießen und gut durchrühren. Mit Salz und Pfeffer würzen.
Wacholderbeeren, Lorbeerblatt, Thymian, Rosmarin und Piment in einen Teefilter füllen, diesen verschließen und das Gewürzsäckchen ebenfalls in den Bräter geben.
Im Backofen auf mittlerer Schiene rund 1 Stunde bei geschlossenem Deckel schmoren. Vor dem Servieren mit Zitronenabrieb aromatisieren.
Mit frischen Rosmarinnadeln bestreut servieren.

Tipp Dazu passen Kartoffeln oder Baguette und ein kräftiger, guter Rotwein.

„Daube provencale" – Schmortopf auf provenzalische Art

4 Portionen

500 g Wildschweinfleisch
2 Knoblauchzehen
250 g Karotten
250 g Knollensellerie
1 l guter französischer Rotwein
300 g entkernte schwarze Oliven
2 Zwiebeln
150 g Bio-Speck
Olivenöl extra vergine
4 EL Tomatenmark
2 EL Mehl
250 ml Rinderkraftsuppe (S. 24)
2 Thymianzweige
1 Zweig Rosmarin
2 Lorbeerblätter
3 Gewürznelken
Meersalz
Pfeffer aus der Mühle

Das Fleisch in mundgerechte Stücke schneiden. Knoblauch schälen und fein hacken. 1 Karotte schälen und in Scheiben schneiden. 1 Scheibe Sellerie schälen und in Würfel schneiden. Das Fleisch mit Rotwein, Karottenscheiben, Selleriewürfeln, Oliven und dem gehackten Knoblauch über Nacht marinieren.
Am nächsten Tag Zwiebeln, restliche Karotten und Sellerie schälen. Zwiebeln hacken, Karotten in Scheiben, Sellerie in Würfel schneiden.
Speck ebenfalls in kleine Würfelchen schneiden. Zwiebeln und Speck in wenig Olivenöl anrösten. Tomatenmark und Mehl beifügen und kurz mitrösten.
Nun das marinierte Fleisch samt der Marinade beifügen, die restlichen Karotten und Selleriewürfel dazugeben und mit der Suppe aufgießen.
Kräuter und Gewürze in einen Teefilter oder ein Baumwolltuch einpacken und in den Eintopf geben, mit Salz und Pfeffer würzen.
Den Schmortopf auf sehr kleiner Flamme 3–4 Stunden ganz langsam und zugedeckt garen. Das Fleisch sollte immer mit Flüssigkeit bedeckt sein, notfalls nochmals mit Rotwein aufgießen.
Zum Schluss die Kräuter entfernen, nochmals mit Salz und Pfeffer abschmecken und den Schmortopf heiß servieren.

Scharfes rotes Thai-Curry
mit Huhn und Reisnudeln

Reisnudeln in warmem Wasser einweichen, bis sie weich, aber noch bissfest sind, das dauert je nach Produkt 10–30 Minuten, beachten Sie diesbezüglich die Packungsanweisung.
Hühnerbrust von Sehnen und Knorpeln befreien und in mundgerechte Stücke schneiden.
Den festen Teil der Kokosmilch in einem Topf oder im Wok erhitzen, bis er Blasen wirft.
Dann die Currypaste darin anbraten und mit einem Schneebesen verrühren. Mit der restlichen Kokosmilch aufgießen und aufkochen lassen.
Hühnerstücke, Zitronengras und Limettenblätter beifügen und alles so lange in dem Curry dünsten, bis das Fleisch weich ist.
Das Curry mit Fischsauce, Limettensaft und etwas Schalenabrieb der Limette abschmecken.
Rote Zwiebel schälen und in dünne Streifen schneiden.
Chili in Ringe schneiden.
Curry und Nudeln mit Koriandergrün, Chiliringen, Limettenspalten und Zwiebelstreifen anrichten.

4 Portionen

400 g Reisnudeln*
400 g Bio-Hühnerbrust
400 ml Bio-Kokosmilch aus der Dose
1–2 EL rote Thai-Curry-Paste*
1 Stängel Zitronengras*
4 Kaffir-Limetten-Blätter*
Fischsauce*
Saft und Abrieb von 1 Bio-Limette und
1 Limette in Spalten
1 rote Zwiebel
1 Thai-Chili*
1 Bund Koriandergrün*, abgezupft

*erhältlich im Asialaden

Jamaikanisches Lammcurry
mit Rum

4–6 Portionen

1 kg Bio-Lammfleisch
Salz
Pfeffer aus der Mühle
Saft von 1 Limette
3 Zwiebeln
4 Knoblauchzehen
1 Chili
Kokosöl
1 TL Ingwer, frisch gerieben
1 TL gemahlener Piment
1 TL gemahlene Koriandersamen
1 TL gemahlener Kreuzkümmel
1 TL gemahlene Kurkuma (Gelbwurz)
1 Prise Zimt
2 EL Tomatenmark
500 ml Kokosmilch
1 Lorbeerblatt
2–3 Zweige frischer Thymian
1 Schuss brauner karibischer Rum

Lammfleisch in mundgerechte Würfel schneiden. Mit Salz und Pfeffer würzen.
Fleisch mit Limettensaft marinieren und mindestens 20 Minuten durchziehen lassen. In der Zwischenzeit Zwiebeln und Knoblauch schälen und fein hacken. Chili von Kernen und Seitenwand befreien und sehr fein hacken.
Etwas Kokosöl in einem Topf erhitzen und Zwiebeln, Knoblauch, Chili und Ingwer darin anrösten. Die getrockneten Gewürze beifügen und mitrösten, dann Tomatenmark dazugeben und ebenfalls anrösten.
Anschließend alles mit der Kokosmilch aufgießen. Gut durchrühren und das marinierte Fleisch beifügen. Lorbeerblatt und Thymian dazugeben und das Fleisch auf kleiner Flamme rund 1 Stunde weich dünsten.
Am Ende der Garzeit mit Salz, Pfeffer und Rum abschmecken.

Tipp Mit Reis oder Fladenbrot servieren.
–
Dieses Curry punktet mit viel Wärme und heilsamem Kokosfett. Vor allem in Winter kann es kalten Füßen und Erkältungen Einhalt gebieten.

Hühnercurry
in indischer Tomaten-Gewürzsauce

Öl in einem großen Kochtopf erhitzen, Kreuzkümmel dazugeben und kurz anrösten.
Zwiebeln, Ingwer und Knoblauch beifügen und dunkelbraun rösten.
Tomaten dazugeben und weich dünsten (wenn sie nicht viel Wasser lassen ev. mit etwas Wasser aufgießen).
Wenn die Tomaten gar sind, die restlichen Gewürze mitrösten.
Hühnerstücke beifügen und so lange auf kleiner Hitze köcheln, bis sie durch sind. Mit Sahne oder Kokosnussmilch aufgießen und nochmals einige Minuten kochen lassen.
Mit Salz und Pfeffer abschmecken, mit frischem Koriander bestreuen und heiß mit Reis oder Chapatis servieren.

4 Portionen

etwas Sonnenblumenöl
1 TL Kreuzkümmel im Ganzen
3 Zwiebeln, fein gehackt
3 TL Ingwer, frisch gerieben
2 Knoblauchzehen, fein gehackt
6 Tomaten, feinwürfelig geschnitten
1 ½ TL gemahlene Kurkuma (Gelbwurz)
½ TL gemahlener Bockshornklee
1 Msp. Asafoetida („Teufelsdreck“)
2 ½ TL Garam Masala
1 TL gemahlene Koriandersamen
2 schwarze Kardamomkapseln
je nach gewünschter Schärfe etwas Chilipulver
700 g Bio-Hühnerbrust, in Stücke geschnitten
1 Schuss Sahne (Obers) oder Kokosmilch
Salz
Pfeffer aus der Mühle
1 Bund frisches Koriandergrün, abgezupft

Feuriges Linsen-Dal
auf Ayurveda-Art

VEGETARISCH

4–6 Portionen

3 mittelgroße Zwiebeln
2 große Knoblauchzehen
1 Gelbe Rübe
1 Karotte
400 g rote Linsen
2 EL Ghee (Butterschmalz) oder Kokosfett
1–2 l nährstoffreiche Gemüsekraftsuppe (S. 78)
1 Lorbeerblatt
ein paar Zweige frisches Bohnenkraut
1 Zweig frischer Thymian
1,5 cm frische Ingwerwurzel
Salz
Pfeffer aus der Mühle
Saft von 1 Zitrone

Für die Gewürzmischung:

1 gehäufter TL Koriandersamen im Ganzen
1 TL braune Senfsamen im Ganzen
½ TL gelbe Senfsamen im Ganzen
¼ TL Bockhornklee im Ganzen
1 TL Ajowan (indisches Gewürz)
1 TL Schwarzkümmelsamen im Ganzen
1 gehäufter TL Kreuzkümmel im Ganzen
1 TL gemahlener Kreuzkümmel
1 Msp. Asafoetida („Teufelsdreck“)
1 Msp. gemahlener Galgant
½ TL Chilipulver
1 TL gemahlene Kurkuma (Gelbwurz)

Zwiebeln und Knoblauch schälen und fein hacken. Rübe und Karotte waschen und in sehr kleine Würfelchen schneiden. Linsen waschen.

Die trockenen ganzen Gewürze für die Gewürzmischung im Mörser oder der Küchenmaschine grob mahlen. Mit den gemahlenen Gewürzen vermischen.

Butterschmalz (Ghee) in einem Topf erhitzen und die Gewürze darin anrösten, bis sie intensiv duften. Zwiebeln beifügen und weiterrösten, bis sie goldgelb und glasig sind. Karotte und Rübe dazugeben und weiterbraten. Gehackten Knoblauch beimengen. Nun die Linsen in den Topf geben, kurz mitrösten. Mit rund 750–1000 ml heißer Gemüsekraftsuppe aufgießen.
Lorbeer, Bohnenkraut und Thymian beifügen und alles eine Zeitlang köcheln lassen. Je nach gewünschter Konsistenz und Beschaffenheit der Linsen nach rund 30 Minuten abermals mit Suppe aufgießen und weitere 30–45 Minuten auf kleiner Flamme weiterköcheln.
Kurz vor dem Servieren frischen Ingwer schälen, fein hacken und unter das Dal rühren. Mit Salz, Pfeffer und Zitronensaft abschmecken und heiß mit Reis oder Fladenbrot servieren.

Tipp Nehmen Sie für die vegane Variante Kokosfett statt Butterschmalz.

Apfel-Reis-Congee

VEGETARISCH

4 Portionen

100 g Langkorn-Vollwertreis
1 l Wasser
1–2 süße Äpfel
1 Prise Lebkuchengewürz
2 EL Rosinen
Honig

Mit dem Vollwertreis ein Congee nach dem Grundrezept kochen (siehe S. 96).

Äpfel schälen und in kleine Würfel schneiden. Mit Lebkuchengewürz und Rosinen zum neutralen Reis-Congee geben und so lange kochen lassen, bis der Apfel weich ist. Nach Geschmack mit Honig süßen.

Vanille-Reis-Congee

VEGAN

4 Portionen

100 g Langkorn-Vollwertreis
1 l Wasser
Mark von 1 Bourbon-Vanilleschote
1 Prise Zimt
Ahornsirup zum Süßen

Mit dem Vollwertreis ein Congee nach dem Grundrezept kochen (siehe S. 96).

Mit Vanillemark, Zimt und Ahornsirup abschmecken.

Tipp Bei Heißhunger auf Süßes sind diese Congees eine gute Alternative zu Schokolade und Torten.

Süßes Dinkel-Congee

VEGETARISCH

6–8 Portionen

1 kleine Tasse Dinkel
7–10 kleine Tassen Wasser
2 Äpfel
2 Birnen
1 Handvoll Rosinen
1 Prise gemahlener Zimt
1 Prise Nelkenpulver
1 Prise Vanillemark
Honig nach Belieben
geröstete Nüsse und Samen nach Geschmack

Dinkel-Congee laut Grundzrezept (S. 97) zubereiten.

Äpfel und Birnen schälen, Kerngehäuse entfernen. Obst in kleine Würfel schneiden.
Nun das Congee mit dem Obst aufkochen, Rosinen und Gewürze beifügen.
Nach Belieben mit Honig würzen. Mit gerösteten Nüssen oder Samen bestreut servieren.

Apfel-Haferflocken-Suppe
mit Zimt und Nelken

VEGETARISCH

Äpfel schälen und in kleine Würfel schneiden, Kerngehäuse entfernen.
Haferflocken und Gojibeeren mit dem kochenden Wasser aufgießen. Apfelsaft, Rosinen, Apfelwürfel, Zimt, Nelkenpulver und Salz beifügen. Auf kleiner Flamme 5 Minuten kochen, dabei immer wieder umrühren.
Nach Geschmack mit Honig süßen, mit gehackten Mandelsplittern bestreuen und mit Mandelöl beträufeln. Warm servieren.

Tipp Veganer/inn/en verwenden statt Honig zum Beispiel Agavendicksaft o. Ä.

4 Portionen

2 süße Äpfel
250 g Haferflocken
1 Handvoll Gojibeeren
500 ml kochendes Wasser
250 ml Apfelsaft
2 EL Rosinen
1 Prise gemahlener Zimt
1 Prise Nelkenpulver
1 Prise Salz
Honig nach Geschmack
1 Handvoll Mandelsplitter
1 Schuss Mandelöl*

*oder ein anderes wertvolles Öl, siehe S. 23

Vanille-Süßreis

mit Marillen und Mandeln

VEGAN

4 Portionen

250 g Vollkorn-Süßreis
500 ml Mandelmilch
Mark von 1 Vanilleschote
1 Handvoll getrocknete Aprikosen (Marillen)
Abrieb von 1 Bio-Zitrone
2 EL Agavendicksaft
1 Handvoll Mandeln
1 Schuss Mandelöl*

*oder ein anderes wertvolles Öl, siehe S. 23

Süßreis mit Mandelmilch und Vanillemark laut Packungsangabe (rund 50 Minuten) auf kleiner Flamme weich dämpfen. Getrocknete Aprikosen in kleine Würfelchen schneiden und kurz vor Ende der Garzeit unterrühren. Mit etwas Schalenabrieb der Zitrone sowie Agavendicksaft nach Geschmack süßen.
Mandeln hacken, in einer Pfanne ohne Fett kurz rösten und über den Süßreis streuen.
Mit Mandelöl beträufelt servieren.

Süßer Maiscreme-Hafer-Brei
mit geröstetem Apfel

VEGETARISCH

Maisgrieß mit Hafermilch, Lebkuchengewürz und etwas Salz zum Kochen bringen. Die Hitze reduzieren und Grieß auf ganz kleiner Flamme ausquellen lassen, dabei immer wieder umrühren.
In der Zwischenzeit den Apfel schälen und in kleine Würfelchen schneiden. Diese in zerlassener Butter anrösten, sodass sie etwas karamellisieren.
Den Brei vom Herd nehmen, mit etwas Honig süßen, mit Muskatnuss abschmecken und mit den gerösteten Apfelstücken bestreuen. Mit Haselnussöl beträufeln und servieren.

4 Portionen

100 g feiner Maisgrieß (Polenta)
400 ml Hafermilch
1 TL Lebkuchengewürz
1 Prise Salz
1 Apfel
1 EL Butter
2 TL Honig
1 Prise Muskatnuss
1 Schuss Haselnussöl*

*oder ein anderes wertvolles Öl, siehe S. 23

Energiereiches Superfood-Kompott

VEGAN

4 Portionen

250 g Physalis (Andenbeeren)
400 ml Wasser
1 Handvoll Aroniabeeren*
1 Handvoll Maulbeeren*
1 Handvoll Gojibeeren*
1 Scheibe frischer Ingwer
1 Zimtstange

* frisch oder getrocknet – je nach Verfügbarkeit

Physalis aus den Hülsen lösen und mit Wasser und den restlichen Zutaten in einen Topf geben. Wenige Minuten aufkochen lassen, dann die Hitze wegnehmen. Das Kompott mindestens 20 Minuten durchziehen lassen. Warm oder kalt genießen – als Dessert oder Zwischenmahlzeit.

Info

Beeren gelten als Superfood, weil sie mit einer enormen Nährstoffdichte aufwarten können. In der kalten Zeit, wenn es keine frischen Beeren gibt, können wir viele davon auch in getrockneter Form verarbeiten.

–

Maulbeeren werden gerne in der Traditionellen Chinesischen Medizin (TCM) eingesetzt. Zu Heilzwecken verwendet man vor allem die weißen Maulbeeren, u. a. um das Blut zu tonisieren.

Weintraubenkompott

VEGAN

4 Portionen

800 g Weintrauben
(verschiedene Sorten gemischt)
600 ml Wasser
1 Zimtstange
1 Muskatblüte
40 g Rosinen

Alle Zutaten in einen Topf geben und zum Kochen bringen. Auf kleiner Flamme ca. 5 Minuten köcheln und anschließend erkalten lassen. Wenn das Kompott nach Weintrauben duftet, ist es fertig.

Tipp Kompotte sind leckere und leicht verdauliche Desserts und Snacks für zwischendurch. Sie stillen Hunger und Durst und kommen meist ganz ohne Industriezucker aus. Variieren Sie mit frischem und getrocknetem Obst und mit Gewürzen. Im Winter wärmen z. B. Zimt und Nelken, im Sommer kühlen Minze und Melisse ...

Danksagung

Meinen herzlichen Dank für seine Unterstützung und sein breites Wissen über Kräuter und die Traditionelle Chinesische Medizin möchte ich meinem Lehrer Mag. Bernhard Zak aussprechen.

Literaturliste

Karola Schneider:
Kraftsuppen nach der Chinesischen Heilkunde, JOY Verlag

Ute Engelhardt, Carl-Hermann Hempen:
Chinesische Diätetik, Urban & Fischer Verlag

Carl-Hermann Hempen, Toni Fischer:
Leitfaden Chinesische Phytotherapie, Urban & Fischer Verlag

Florian Ploberger:
Westliche Kräuter aus Sicht der Traditionellen Chinesischen Medizin, Bacopa Verlag

Anne Simons:
Die Suppen-Apotheke, Knaur MensSana

Constanze von Eschbach:
Die magische Knochenbrühe, Kopp Verlag

Marion Grillparzer:
Magische Suppen, GU Verlag